오늘 팔지 못하면 죽는다

오늘 팔지 못하면 죽는다

박기원 지음

21세기북스

도전하는 삶이
아름답다

나는 보험업계와 회사에서 전체 1등만을 하는, 최고의 실적을 자랑하는 사람은 아니다. 물론 그렇다고 해서 뒤처지는 사람도 결코 아니다. 나는 보험업계 전체와 회사 내에서 상위 1% 안에 드는 영업 실적을 가지고 있다. 그리고 억대 연봉자들의 모임인 MDRT 회원이기도 하다. 또한 회사 내 FC들의 최고 영예인 LION 멤버로 활동하고 있다.

"비빌 언덕이 많겠지!"

나 역시 이 일을 하기 전에는 그렇게 생각했다. 입사 전 적어 낸 프로스펙팅(발굴 가망 고객) 100명 모두가 나에게 든든한 비빌 언덕이 되어 줄 줄 알았다. 하지만 결과적으로 나는 그분들 중 스무 명밖에 고객으로 모시지 못했다. 대부분이 보험이 이미 있다는 이유였지만 거절의 과정에서 나는 적지 않은 상처를 받아야 했다. 덕분에 계약이 없어 수당을 전혀 받지 못한 달도 있었으며, 어렵게 계약하여 받은 수당을 고객의 계약 파기로 환수해야 했던 힘든 상황도 경험했다. 하지만 나는 좌절하기보다는 그 역경들을 나를 더욱 단단하게 다지는 데 사용했다.

사실 나는 보험일을 시작하기 전까지 '뒤로 넘어져도 코가 깨지는' 지지리도 운이 없는 사람이었다. 능력을 인정받아 스카우트까지 된 회사에서 결국에는 상사에게 이용당한 뒤 급기야 팽烹까지 당해야 했다. 어디 그뿐인가. 재기를 위해 어렵사리 시작한 사업에서는 파트너로 접근한 사기꾼에게 아이디어를 몽땅 도둑맞아 모든 것이 물거품이 되었으며, 허허벌판에 놓인 사무실에서 백화점 입점 브랜드를 탄생시키는 신화를 만들어 냈으나 그 역시 상사의 잘못된 판단으로 남의 손에 넘겨야 했다.

그렇게 넘어지고 또 넘어지기를 수없이 반복하면서도 나는 결코 주저앉지 않았다. 내게는 나를 남편이라 부르고 아빠라 부르는 사랑하는 '가족'이 있었고, 나는 그들에게 따뜻한 음식과 포근한 집을 책임지고 마련해 주어야 하는 가장이었으니 말이다.

굽이굽이 산을 넘고 계곡을 지나 마치 롤러코스터를 타듯 이어지는 인생길이었지만, 나는 한 가정을 책임진 가장이기에 묵묵히 그 길을 가야 했다. 때로는 돌아갈 수도 없는 외길에 몰리기도 했고, 수많은 갈림길 중에서 선택해야 하는 고뇌의 시간을 보내기도 했다. 심지어 고개만 들어도 볼이 얼얼해질 만큼 찬바람이 쌩쌩 불어오는 절벽 끝에서 아슬아슬하게 매달려 있기도 했다.

하지만 지금의 나는 짧게 지나가는 인생길에서 그래도 작게나마 행복할 수 있다는 것에 진심으로 감사한다. 그리고 그 길의 끝에는 내가 소망하고 꿈꾸는 모든 것이 갖춰진 파라다이스가 기다리고 있다는 것 또한 믿는다. 모두가 '성공'이라 부르는 그 달콤한 열매가 나에게도 주어진다는 것은 고맙고 또 고마운 일이 아닐 수 없다.

물론 성공은 결코 쉽게 얻을 수 있는 것이 아니다. 하지만 분명한 것은 성공의 첫걸음은 도전이라는 것이다. 도전하지 않으면 절대 얻을 수 없는 것이 성공이다. 삶의 막다른 곳에 몰린 그 처절함의 끝에서 나는 최후의 도전을 선택했고, 그리고 성공을 거두어 냈다.

만약 지금 이 시간, 그 시절의 나처럼 운명을 원망하고 현실을 비관하며 힘든 하루하루를 살아가는 분이 있다면, 나는 그에게 용기 있게 도전해 보라고 말하고 싶다. 도전을 해 봐야 실패도 있고 성공도 있는 법이다. 그냥 가만히 앉아 사과가 떨어지기만을 기다리는 사람은 운이 좋으면 사과 하나 정도야 얻을 수 있을지 모르지만 결코 사과 농장의 주인이 될 수는 없다. 그러니 보험이든 무슨 일이든 망설이지 말고 지금 마음에 품고 있는 그 일에 도전해 보기 바란다. 대신 이 책을 읽고 난 후 적어도 "나도 이 정도면 해낼 수 있다. 이 정도는 할 수 있다!"라는 마음가짐으로 시작해야 한다. 그래야 성공할 수 있다.

"보험? 내가 뭘 알아야 말이지."

"인맥도 없는 내가 그 일을 할 수 있을까?"

지금 내 손에 무엇을 쥐고 있는지는 내려다볼 필요가 없다. 내가 쥐게 될 것들을 향해 그저 묵묵히 성실히 앞으로 나아가면 된다. 가지고 있던 보험도 해약해서 생활비로 쓸 만큼 가난하고 무지했던 나도 당당하게 보험인으로 성공했다. 남들보다 더 나은 조건에서 시작하면 좋기야 하겠지만 그렇지 못하더라도 그것은 그리 중요하지 않다. 조건은 자신이 가는 그 길 위에서 스스로가 만들어 가고 변화시켜 가는 것이기에 노력에 따라 얼마든지 달라질 수 있다.

보험으로 시작한 나의 첫걸음은 어느새 먼 길을 달려 이제는 현금, 주식, 채권, 보험, 부동산 등 자산 시장 전체를 아우르며 고객분들과 함께하고 있다. 늘 그래 왔듯이 나는 앞으로도 열심히 성실히, 그리고 열정적인 전문가로 활동할 것이다. 그리고 법률 분야나 세무회계 분야 등에서 나를 지원해 주시는 분들과는 좋은 '협력자'로, 고객분들께는 든든하고 가슴이 따뜻한 '동반자'로 기억되고, 사랑하는 가족들에게는 영원히 '우리 아빠'로 남을 수 있도록 최선을 다할 것이다.

이 책이 나오기까지 지원해 주신 이승현 본부장님과 황상욱 편집팀장님께 고마움을 표한다. 폐암 환자이신 친정어머니를 간호하면서도 남편에게 응원을 보내 주던 사랑하는 아내 정은주, 아빠의 직업을 이어받겠다며 열심히 공부하는 믿음직한 아들 박상연, 방학 내내 원고를 집필하느라 제대로 놀아 주지 못했는데도 늘 아빠에게 필요한 것을 챙겨 주던 세상에서 제일 예쁜 딸 박소연, 그리고 나를 도와 자료를 준비해 준 비서 송은정 양, 집필 동안 일이 있을 때마다 업무를 챙겨 주었던 가세현 지점장과 장형석 부지점장, 집필에 도움 되는 좋은 말씀을 해 주셨던 문우옥 사장님, 강태헌 회장님, 이상철 실장님, 이대우 이사님, 김진수 대표님, 박용수 상무, 최정희 님, 송은화 님, 끝으로 글을 쓸 수 있게 오피스텔을 싼 값에 내어 준 친구 정윤섭.

이 모든 분께 지면을 통해 고맙다는 인사를 드린다. 고맙습니다.

2010년 8월
박기원

꿈을 향한
새로운 도전

마음으로부터
섬겨라

이것이
나의 길이다

소원을 넘어
간절함으로

간절하면
무엇이든 할 수 있다

"오늘 팔지 못하면 죽는다!"

강원도 어느 시골의 낡은 주유소 입구에 걸린 글귀이다. 지인 중 한 분이 인적이 드문 황량한 시골길을 차로 달리던 중 주유소 현수막에 걸린 이 글귀를 보고 눈길이 갔다고 한다. 평화로운 시골길과는 어울리지 않는 다소 비장한 이 문구에 피식 웃음이 나오려던 차에, 그는 현수막 아래 오래된 주유기 두 대 사이에 쪼그리고 앉은 노인을 보았다. 순간 자기도 모르게 차를 세워 그 주유소에서 기름을 넣었다고 한다. 오가는 차량이라고 해 봤자 하루에 몇 십 대가 고작인 시골길에서 오래된 주유소를 운영하며 "오늘 팔지 못하면 죽는다"는 마음으로 일하는 노인의 간절한 마음을 본 것이다.

시골 주유소의 노인의 마음처럼 세상에는 간절히 원하는 일들이 참으로 많다. 그저 막연히 소망하거나 원하는 것이 아닌, 이것이 아니면 죽는다는 심정으로 치열한 생존 본능을 보이는 것이다. 나 역시 지금껏 살면서 무언가를 간절히 원했던 순간이 수도 없이 많았다. 특히 가족의 생계와 관련된 부분에서는 그 간절함의 깊이가 남달라질 수밖에 없었다.

보험회사에 입사한 지 보름 만에 생명보험협회에서 주관하는 첫 번째 라이센스 시험을 치르게 되었다. 그 시험을 통과해야만 종신 보험이나 일반 연금 상품을 판매할 수 있는 라이센스가 주어진다. 용어를 완벽하게 이해하지도 못했는데 시험이라니! 거기에다 한술 더 떠 시험에서 탈락하면 기본적인 상품조차 판매할 수 없다 한다. 먼저 다니던 회사의 퇴직금은 이미 중간정산을 해서 이래저래 다 써 버렸고, 받을 퇴직금도 없는 상황에서 시험에 탈락하면 나는 어떻게 되는 것인가, 사랑하는 아내와 토끼 같은 내 자식들은 어떻게 되는 것인가를 생각하니 눈앞이 깜깜해졌다.

결국 '합격'하는 것 말고는 선택의 여지가 없었다. 나는 책과 기출 문제집을 받아들고 집으로 돌아오는 지하철 안에서 새롭게 각오를 다졌다. 시험이란 것은 언제나 부담되고 긴장되기 마련이지만 이번에는 차원이 달랐다. 내 펜 끝에 가족들의 생계가 달린 것이다.

돌이켜 기억하건대 그 시절 나는 정말 코피 나도록 공부에 매달렸다. 남들이 보았더라면 아마 하버드 대학 장학금쯤은 노리는 줄 알았을 것이다. 나는 가족들이 모두 잠든 늦은 밤에도 혼자 거실에 나와 책을 읽고 또 읽었다. 문제도 얼마나 반복해서 풀었던지 나중에는 문제집을 외울 정도가 되었다. 그간 가족들에게 고생이란 고생은 다 시킨 터라 무슨 일이 있어도 합격해야만 한다는 간절함이 굉장히 컸다. 그렇게 밤을 새워가며 공부를 하면서도 피곤하기는커녕 시간이 부족한 것이 원망스러울 지경이었다. 그 정도로 나는 열심이었고 그 정도로 나는 간절했다.

시험을 보고 며칠 후 지점장이 나를 불렀다. 지점장실에는 시험 결과표가 나와 있었다.

"축하합니다!"

나는 100점 만점에 100점을 받았다. 지점장은 대단하다며 칭찬했지만 내 입장에서는 어찌 보면 당연한 결과였다.

"커트라인만 넘기면 되는데 뭘 그리 죽기 살기로 공부를 하십니까?"

물론 그들의 말처럼 커트라인만 넘기면 합격하고 상품을 판매할 수 있다. 하지만 나는 절대 떨어져서는 안 된다는 마음이 강했다. 그래서 남들은 대충 해도 붙는다며 쉬엄쉬엄 공부할 때 난 목숨을 걸고 공부했다. 반드시 해내야 했기 때문이다. 그러니 단 하나의 문제도 놓칠 수 없었고, 덕분에 만점을 받은 것이었다.

첫 시험을 무사히 치른 후에도 종종 나의 간절함을 샘솟게 하는 일들이 많았다. 펀드가 처음 나왔을 때도 나는 간접투자상품 판매 권유 시험에 합격하기 위해 죽을힘을 다했다. 보험회사는 그 특성상 새로운 형태의 상품이 출시되면 판매 능력을 검증하기 위해 시험을 치를 때가 많다. 이는 고객의 입장에서 볼 때 아주 당연한 것이다. 담당자가 상품에 대한 충분한 지식과 정보를 갖추고 있어야만 고객은 자신들이 원하는 정보를 만족스럽게 얻어갈 수 있기 때문이다.

당시 펀드는 나에게 새로운 돌파구와도 같았다. 보험일을 시작하고 나서 처음에는 가까운 분들의 도움으로 어느 정도 실적을 유지할 수 있었다. 하지만 시간이 지나면서 실적은 점점 떨어졌고, 내 마음도 덩달아 초조해졌다. 그러던 차에 새로운 상품이 나온다고 하니 돌파구를 찾는 심정으로 1차 시험에 응시한 것이다.

늘 그렇듯 죽기 살기로 공부에 매달리던 나는 시험을 이틀 앞두고 덜컥 병에 걸려 버렸다. 의사 선생님 말로는 일사병이란다. 그도 그럴 것이 가만히 서 있기만 해도 땀이 비 오듯 쏟아지는 무더운 여름날, 나는 한 푼이라도 더 아끼기 위해 버스와 지하철을 이용하고 심지어 멀지 않은 거리는 걸어서라도 고객을 만나러 다녔다. 양복에 넥타이까지 매고 하루 종일 낑낑대며 걷다가 저녁이 되면 집으로 돌아와 다음 날 새벽까지 공부를 했다. 그러니 병이 날 수밖에.

속은 열이 펄펄 끓었지만 피부는 섬뜩할 정도로 차가웠다.

"몸 상태가 너무 안 좋습니다. 쉬셔야 할 것 같습니다."

"선생님, 시험이 있어서 쉴 수 없습니다. 졸아서도 안 됩니다."

"어떡하죠. 쉬셔야 하는데……. 사는 게 참 힘들어요."

의사 선생님은 내 모습이 안쓰러웠는지 처방전을 쓰며 한숨을 다 내쉬었다. 주사를 맞고 약을 먹고 나니 그나마 죽지는 않을 것 같았다. 그런데 여전히 밥을 먹을 수 없을 정도로 모든 게 힘들었고, 머리를 똑바로 들기조차 어려워 옆으로 누운 자세로 책을 봤다. 그나마 머릿속을 움직일 수 있다는 게 다행이라는 생각이 들었다.

벼랑 끝에 매달려 본 사람은 안다. 조금만 움직여도 죽는다는 절박한 상황에서 배고픔이나 몸의 고통은 사치에 불과하다는 것을. 그저 살려만 달라고 간절히 기도할 뿐이다. 나도 그랬다. 몸이 낫게 해 달라고 절대 빌지 않았다. 몸이야 아프든 말든 그저 시험에만 붙게 해 달라고 빌었다. 그러고는 정말 기적처럼 시험에 붙었다. 시골 노인의 간절함이 주유소로 손님을 끌어들였듯 나의 간절함이 내 펜 끝에 행운을 선물한 것이다.

보험일로 많은 고객들을 만나다 보면 그들의 간절한 사연을 들을 기회도 그만큼 많다.

"조그맣게라도 서울 근교에 가게를 마련하시는 게 낫지 않을까요?"

하루가 멀다 하고 지방과 서울을 오가며 노점과 가게를 하는 고객에게 작게라도 가게를 하나 내는 것이 어떠냐고 물었다. 물론 그분의 형편을 모르는 것은 아니었지만 안타까운 마음에 나도 모르게 말이 나왔다.

"누가 모릅니까? 하지만 여윳돈이 조금도 없는데 어떻게 합니까? 저도 미치겠습니다. 하루하루 몸뚱이는 아파오지, 밤새워 운전하느라 죽을 뻔한 적도 한두 번이 아니었습니다."

지방에서 일하고 올라와 서울에서 물건을 받아 다시 다른 지방으로 이동하기 위해 그분은 쉬지도 않고 짐을 날랐다. 나도 덩달아 짐을 나르며 그를 위로하고 격려했다.

"위험을 감수하면서까지 살아야만 하는 것이 너무 힘드네요."

그분은 내가 건넨 캔커피를 받아 마시며 씁쓸한 미소를 지었다. 하루 종일 허리 펼 일이 없더니 커피 마시느라 허리도 다 펴 본다며 다시 허허거렸다. 서울에서 노점을 하는 그는 요즘 부쩍 강화된 단속 때문에 장사하기가 힘들다며, 그나마 지방에 얻어 놓은 작은 가게에서라도 장사를 해 보기 위해 급히 물건을 받아 내려가야만 했다. 온종일 장사하느라 피곤에 찌든 그분은 다시 밤을 새우며 고속도로를 달려야 했다. 고속도로에서의 졸음운전이나 노점상 단속반이나 그에게는 자신과 가족의 생명을 위협하는 위험한 것들이기는 매한가지였다.

"죄송합니다. 사는 게 이렇습니다. 다음에 뵙죠. 그때는 상황이 좀 좋아져야 할 텐데."

나는 자리에서 일어나며 다시 한 번 그분을 격려했다.

"참, 제 것 돈 잘 들어가고 있죠? 알아서 잘 관리해 주세요. 가겠습니다."

"잘 다녀오세요. 안전운전 잊지 마시고요. 파이팅하세요!"

그분은 나에게 환하게 웃어 보이며 트럭에 올라탔다. 현실의 간절함과는 별개로 미래의 희망이 차곡차곡 쌓여 가고 있음에 마냥 행복해 보이는 웃음이었다.

겨울이 아무리 추워도 때가 되면 봄은 어김없이 찾아온다. 그래서 우리 중 그 누구도 봄을 간절히 기다리지는 않는다. 하지만 죽을 힘을 다해야 얻을 수 있는 것, 그것이 없으면 살 수 없는 것 앞에서 우리는 간절해질 수밖에 없다. 그리고 그 간절함의 깊이가 깊을수록 바라는 것을 이루어 낼 확률도 높다. 간절함이 그것을 이룰 수 있는 방법을 찾아 주고 그것을 이룰 수 있는 힘을 주기 때문이다.

탈무드를 보면 우유통에 빠진 개구리들의 이야기가 나온다. 어쩌다 실수로 우유통에 빠진 세 마리의 개구리 중 한 마리는 "하나님 도와주세요!"라며 기도만 하다 죽어 갔고, 또 다른 개구리는 "우린 절대 여기를 벗어나지 못해!"라며 비관만 하다 죽어 갔다. 하지만 누가 뭐라 하든지 희망을 잃지 않고 간절히 발을 내젓던 한 마리의 개구리는 버터로 변한 우유에 발을 딛고 통 밖으로 빠져나올 수가 있었다.

간절함은 희망의 끈을 놓지 않게 하고, 그것은 곧 끊임없는 노력으로 이어져 결국에는 원하는 것을 이룰 수 있게 만든다. 그렇게 간절함 끝에 무언가를 이루어 냈을 때, 우리는 그것을 '기적'이라고 부른다. 노력 끝에 성공이 오는 것은 어쩌면 당연한 공식일 텐데, 그럼에도 우리가 그것을 '기적'이라고까지 하는 이유는 그만큼 희망의 끈을 놓지 않고 끊임없이 노력하는 이가 드물기 때문이다. 심지어 타고난 재주와 재물을 가지고도 간절함이 없어 성공은커녕 몰락의 길로 들어서는 경우도 많지 않은가. 그들은 너무도 많은 것을 가진 나머지 돼도 그만, 안 돼도 그만인 태도로 살기 때문이다. 그에 비하면 우리는 얼마나 행복한가. 애초에 재물을 타고 나지도 않았지만, 삶의 굽이굽이에서 만난 역경 또한 간절함의 깊이를 더해 줘 우리의 열정을 배가시켜 주니 말이다.

죽음, 슬픔, 배신,
나에게 닥친 시련들

"왜 나한테 이러는 거야?" "왜 하필이면 나지?"

살다 보면 부당하거나 불합리한 일, 심지어 불운한 일과도 종종 맞닥뜨리게 된다. 그럴 때 우리는 흔히 이런 말들을 하면서 자신에게 주어진 상황에 대해 한탄을 한다. 난 왜 지지리도 복이 없는 걸까? 난 왜 이렇게 운이 나쁘지? 오죽하면 되든 안 되든 해보기라도 했으면 좋겠다는 심정이 들까.

그런데 더욱 나쁜 것은 엎친 데 덮치는 격으로 여러 가지 안 좋은 일들이 겹쳐서 오는 경우이다. 장기판에서 두 개의 말이 한꺼번에 장을 부른다는 양수겸장兩手兼將이란 말처럼 이러지도 저러지도 못하고 그냥 꼼짝없이 죽게 되는 상황 앞에서 우리는 부정할 수 있는 모든 것을 부정하고 싶은 심정이 된다. '웃으면 복이 온다'며 제 아무리 긍정적으로 생각하려 기를 써도 상황이 이쯤 되면 신세 한탄을 넘어, "내가 정말 이 정도밖에 안 되는 사람이었나?" "내가 하는 일이 다 그렇지 뭐" 하는 자학으로까지 이어지게 된다.

물론 시간이 훌쩍 지나 이 모든 것이 옛말이 되고 나면 우리는 그저 허허거리며 웃는다. 사람이 살다 보면 산을 넘을 때도 있고 골을 지날 때도 있다는 것을 알게 되기 때문이다. 하지만 그것을 깨닫기까지 우리는 그 높디높은 산과 깊디깊은 골을 지나며 세상을 원망하고 나 자신을 자학하게 된다. 나 역시 그랬다. 초등학교 5학년 이후로 불행은 꼬리에 꼬리를 물고 나를 찾아오는 반갑지 않은 손님이었다. 그 불행 속에서 나는 사랑하는 큰형을 잃었고, 아버지와 이별 아닌 이별을 해야 했고, 돈을 잃고 직장을 잃어야 했다. 그 모든 불행과 싸우는 동안 나는 원망과 자학으로 뒤엉켜 점점 나락으로 떨어져 갔다.

초등학교 5학년 여름방학, 서울에 계신 고모님이 내려오셔서는 대뜸 나를 서울로 데리고 가시겠다고 했다. 물론 부모님과는 이미 상의가 끝난 상태였다. 시골에서 공부해 봤자 별다른 미래가 없으니 더 넓은 곳에서 배움의 기회를 가지라는 것이었다. 요즘으로 말하면 조기 유학인 셈이다.

서울로 올라가는 것이 싫었던 나는 다음 날 아침 일찍부터 가출을 해 산과 들로 배회했다. 고향의 의미에 대해 정확히 알지 못할 때라 고향을 떠나는 데 대한 슬픔보다는 그저 가족을 떠난다는 것과 친구들과 헤어진다는 사실에 슬프고 화가 났다.

깜깜한 밤, 큰형이 옆 동네 산에 올라 있는 나를 찾아왔다. 어둠 속에서 용케도 나를 찾아낸 것이다. 형은 나를 나무라는 대신 자신의 이야기를 들려주었다. 시골에서 공부해 대학이라도 갈 수 있을지, 대학도 못 가면 졸업 후 시골에서 무엇을 해서 먹고살아야 할지 등 형은 자신의 앞날에 대해 많은 걱정을 하고 있었다. 하지만 형은 장남인 이유로 부모님의 곁에 남아야 하는 현실을 받아들였고, 동생이라도 서울에 가서 잘되기를 바란다며 나의 등을 토닥였다.

"나중에 형이 서울 가거든 남산 구경 꼭 시켜 줘. 하하."

며칠 후 여름방학이 끝나고 나는 바로 서울로 전학을 했다. 유학 생활이 시작된 것이다.

"야! 촌놈. 어디서 왔어?"

서울의 새로운 학교에서 첫 수업을 마친 후 자리에 앉아 있는데 갑자기 누군가 내 뒤통수를 주먹으로 퍽하고 때렸다.

"……"

나는 아프기도 하고 어이가 없어서 그냥 엎드려만 있었다.

"어쭈, 대답 안 해?"

주먹이 또 날아왔다. 나름 신고식을 하려던 모양이었는데 그렇다고 당하고만 있을 내가 아니었다.

"도대체 나한테 왜 이래!"

서울 생활의 첫 시작은 그렇게 학교 뒷산에서의 전학 파티로 이어졌고, 나는 영문도 모른 채 원치 않는 싸움을 해야 했다. 그리고 이후로도 오랫동안 나는 그리 즐거울 것도 신날 것도 없는 날들을 보내야 했다. 큰형이 서울로 올라오기 전까지는 그랬다.

중학교에 들어갈 무렵, 큰형이 재수를 하기 위해 서울로 올라왔다. 막내아들만 서울로 보내 큰아들한테 미안했던 부모님께서 나와 같이 있으라며 형에게 재수를 허락해 주셨던 것이다. 큰형을 무척이나 따랐던 나는 큰형의 등장에 엄청난 지원군이 생긴 것 같아 기분이 우쭐해졌다. 둘이서 누우면 더 이상 여유 공간도 없는 좁은 하숙방이었지만, 큰형과 같이 있다는 것만으로도 천하를 다 얻은 기분이었다.

하지만 그런 행복도 잠시였다. 형이 서울 소재 대학 진학에 실패하고 지방 대학으로 진학하게 된 것이다. 형과 헤어지고 나는 또 혼자가 되어 외로움과 싸워야 했다. 하지만 큰형과 함께 지낸 1년의 서울 생활은 내가 살아가면서 평생 지울 수 없는 소중한 추억이 되었다. 더군다나 형이 세상을 떠난 지금, 그 소중한 추억들은 나를 살게 하는 단단한 힘이 되어 준다.

고등학교 3학년 때, 내가 그토록 사랑하고 존경했던 큰형이 군에서 전사했다. 나는 하늘을 향해 소리쳤다.

"왜! 왜 나에게 이런 일이 생기는 거야!"

자식을 잃은 슬픔에 부모님은 혼절하셨고, 작은형은 먼 곳에 가 있던 터라 내가 큰형의 시신을 인수하러 가야 했다. 형을 화장하고 뼛가루를 항아리에 받아 가슴 깊이 끌어안고 슬피 울었던 그날을 나는 아직도 잊을 수 없다. 객사한 자식이라 고향으로 데리고 올 수 없다는 동네 어른들 말씀에 시골집으로 향하는 한강변에 차를 세우고 형을 강물에 띄워 보냈다. 형의 뼛가루가 바람에 날려 내 옷에 묻었다. 마치 떠나기 싫다는 듯 내게로 오는 형을 안고 나는 강물 속으로 들어갔다. 옷이 물에 젖는 것 따위는 문제가 되지 않았다. 훨훨 날아서 형이 가고 싶은 곳으로 갈 수 있게 해 주어야 한다는 생각에 나는 더 깊이 들어갔다. 어른들이 말리지 않았더라면 아마 나는 그대로 강물 저 깊은 곳으로 들어가 버렸을지도 모른다.

불행은 거기서 끝나지 않았다. 큰형의 어이없는 죽음에 정신적 충격을 받으신 아버지가 그만 집안을 등지고 멀리 시골로 떠나신 것이다. 부모님이 돌아가시면 땅에 묻고 자식이 죽으면 가슴에 묻는다는 말이 있듯이, 아버지의 가슴은 누구보다도 더 깊이 파였던 모양이다. 나는 장남에 대한 애정이 각별하셨던 아버지의 심정을 이해하고도 남았다. 하지만 우리 가족에게는 형이 떠난 것으로도 모자라 아버지마저 떠난 셈이니 슬픔이 더 깊어질 수밖에 없었다.

한번은 지방에 출장을 내려가 있는데, 밤늦은 시간에 집에서 급한 전화가 왔다. 아버지 친구분께서 우연히 강원도에 들렀는데 아버지께서 쓰러져 계시다는 것이었다. 나는 즉시 공항과 기차역, 터미널 등으로 다니며 서울로 올라가는 교통편을 알아보았지만, 너무 늦은 시각이라 어쩔 수 없이 다음 날 가장 일찍 출발하는 교통편을 이용할 수밖에 없었다. 김포공항에 아내가 차를 가지고 나와 기다렸다. 우리는 급히 차를 몰아 강원도 산골로 내려갔다.

의사는 뇌졸중이라고 했다. 다행히 아버지 친구분께서 응급처치를 하셔서 목숨은 건졌으나 치료가 필요했다. 마음이 아팠다. 어느덧 나도 아버지가 되어 자식을 키우는 입장이다 보니 큰형을 보내고 나서의 아버지 심정을 이해 못 하는 것은 아니었지만, 남은 가족들을 생각해서라도 조금 더 참고 이겨 내셨으면 하는 마음이 간절했다.

며칠 후, 태어나서 처음으로 아버지를 목욕시켜 드리며 나는 뜨거운 눈물을 흘렸다. 온천까지는 아니더라도 하다 못해 동네 목욕탕에서라도 아버지 등을 밀어 드릴 수 있다면 얼마나 좋을까 하는 생각에 눈물이 흘러내린 것이다. 나는 아버지에게 눈물을 들킬세라 얼른 얼굴에 찬물을 들이부었다.

최악의 상황을 면한 아버지는 가족들의 만류에도 불구하고 다시 강원도로 돌아가셨다. 그리고 지금도 여전히 강원도의 외딴 산골에서 홀로 생활하신다. 당신 마음에 새긴 큰아들에 대한 사랑만큼이나 아버지는 참으로 오랫동안, 그리고 많이도 아프실 모양이다.

'기구한 운명'이란 말이 있다. 세상살이가 순탄치 못하고 탈이 많다는 뜻이니 결코 좋은 말은 아니다. 나는 큰형을 그렇게 어이없이 떠나보내고 얼마 지나지 않아 기구한 운명과 맞닥뜨려야 했다. 훈련소를 마치고 나와 자대 배치를 받았는데, 공교롭게도 큰형이 근무했던 부대에 배치된 것이다.

"우리나라에 군부대가 여기밖에 없나? 왜 하필이면 여기야?"

우리 가족에게서 큰형을 빼앗아 간 그곳에서 나는 나 또한 불운한 일을 겪는 게 아닌가 하는 두려움에 떨어야 했다. 오죽하면 내

군대 생활의 최대 목표가 '살아서 돌아가는 것'이었을까.

일병 때 휴가를 나왔다가 복귀하려고 군복을 입는데, 어머니께서 "형도 그 부대 마크였는데……"라며 말끝을 흐리셨다. 나는 못들은 척하고 부대로 복귀하면서 결심했다. 내가 살아 돌아가는 것이 큰형을 데리고 나가는 것이라고.

"충성! 전역을 신고합니다."

시간이 흘러 나는 제대를 했다. 그래서 큰형도 나를 따라 민간인이 되었다. 하지만 여전히 내 가슴 한편에는 형을 잃은 데 대한 아픔이 남아 있다. 물론 "왜 하필이면 나지? 우리 형 같이 착한 사람이 왜 그런 불운을 겪지?"라는 원망은 수그러들고, 대신 그곳에는 사람들의 불행과 슬픔에 대한 이해가 자리 잡게 되었다. 부모, 형제, 자식 등 사랑하는 이를 잃은 사람들의 슬픔을 가슴으로 이해하게 된 것이다. 또한 이것은 훗날 내가 보험일에 뛰어들어 고객들의 슬픔과 아픔을 진정으로 이해하고 토닥일 수 있게 하는 강한 힘이 되어 주었다.

군 복무를 마치고 대학을 졸업한 이후 나는 곧바로 사회 생활을 시작했다. 그리고 결혼도 했다. 더 이상 "왜 하필이면 나지?"라며 운명을 원망하기도 싫었다. 아니, 그럴 틈이 없었다. 내겐 새로운 가족이 생겼고, 나는 그들의 생계를 책임져야 할 가장이 된 것이다.

당시 대기업 계열사에서 일하던 나는 형 몫까지 살아야 한다며 정말 열심히 일했고, 덕분에 나름대로 인정도 받았다. 하지만 호사다마라고 했던가. 순탄한 날들이 이어지던 어느 날, 나는 다시 위기를 겪게 됐다.

작은아이가 태어날 때쯤이었다. 당시 회사에서 4년차 대리였던 나는 태어날 아이의 분유 값을 한 푼이라도 더 벌어야 한다는 책임감에 힘든 줄도 모르고 일했다. 때마침 회사에서 신규 브랜드를 런칭하는 계획이 있었고, 그로 인해 신규 브랜드의 본부장은 내부 인사이동을 회사에 요구했다. 나름 유능하다고 알려진 인물들을 신규 브랜드로 빼 가기 위해서였다.

어느 날 본부장은 나에게 신규 브랜드를 띄우게 되면 진급을 시켜 주겠다는 약속을 해 왔다. 그렇지 않아도 작은아이를 위해 진급이 필요하던 때였기에 그 제안에 무덤덤할 수가 없었다. 하지만 나를 그 회사로 스카우트해 왔던 본부장님을 생각하면 쉽게 결정할 문제가 아니었다. 그런데 이런 나의 속앓이를 보셨던지 본부장님이 나를 먼저 부르셨다. 그러고는 "더 발전해야 하는 사람을 잡아 두는 것은 아마도 내 욕심인거 같다"며 본부 이동을 허락하셨다.

신규 브랜드 본부장의 호언장담과는 달리, 막상 이동해 보니 모든 것이 엉망이었다. 특히 투입된 자금에 비해 매장 오픈 실적이 저조했다. 하지만 나를 비롯한 신규 브랜드 직원들은 뼈를 깎는 노력을 통해 처음에는 4개였던 매장을 몇 달 만에 전국 32개로 확대하는 놀라운 성과를 거두어 냈다. 그 과정에서 과장님이 몸이 많이 안 좋아져 회사를 그만두게 되었고, 나는 자연스레 빈자리에 욕심을 갖게 되었다. 더군다나 모두가 신규 브랜드를 살리기 위해 불철주야로 노력했던 내 열정을 알아주었는지 곧 진급할 것이라며 축하해 주었기에 나의 기대는 더욱 커져 갔다.

그런데 현실은 결코 만만치가 않았다. 개인 사업을 하기 위해 퇴사했던 신규 브랜드 본부장의 후배가 재입사해 과장으로 오면서 내 진급은 자동으로 물 건너간 것이다. 재주는 곰이 부리고 돈은 누가 챙겨 간다더니 딱 그 짝이었다. 매장 확보를 위해 주말도 마다않고 전국을 뛰어다녔던 나의 땀방울, 아빠의 잦은 출장으로 엄마와 단둘이 시간을 보내야 했던 외로운 큰아이의 기대까지 고스란히 물거품이 되었다. 나는 큰아이에게도 아내에게도, 심지어 아직 태어나지 않은 작은아이에게도 미안하기 그지없었다. 하지만 목구멍이 포도청이라고 괜한 자존심에 회사를 그만두고 나올 수도 없는 일이었다.

새로운 영업과장이 오면서 그동안 매장 확보와 매출 증가를 위해 취했던 영업 활동에 변화가 생겼다. 영업과장은 신규 브랜드에 "경비절감"이라는 첫 번째 지시를 내렸다. 이 과정에서 영업과장의 지나친 독선으로 많은 매장에서 불만이 터져 나왔고, 나는 어떻게든 그들을 중재해 절충안을 찾으려 노력했다. 하지만 그 과정에서 영업과장은 나를 불만이 많은 직원으로 여기게 되었고, 심지어 내가 그들을 주동하고 있다고까지 오해했다.

영업과장은 자신의 영업 방침에 맞추지 못하면 대기발령을 내겠다며 아주 강경하게 나왔다. 게다가 매장에서는 나에게 불만을 제기해도 들어 주지 못하는 현실을 알았는지 아예 전화도 없었고 심지어는 내가 매장을 방문해도 점주들이 나타나질 않았다. 나는 이리 치이고 저리 치이며 견딜 수 없는 모욕감과 좌절감에 괴로운 나날을 보내야 했다.

보다 못한 아내가 하루는 신규 사업본부 직원들을 집으로 초대했다. 장모님과 아내는 힘들게 음식을 준비했다. 나는 그렇게까지 할 필요 없다며 말렸지만, 아내는 자기가 도와줄 수 있는 게 밥이나 해 주는 것밖에는 없다며 오히려 미안해 했다.

"차린 것은 없지만 맛있게 드세요."

아내가 신임과장에게 허리를 90도로 굽히며 인사를 했다.

"야! 제수씨, 이 친구 회사 그만두면 같이 음식점 차리면 되겠네."

어이가 없었다. 나는 주먹이 부르르 떨렸지만 큰 숨을 내쉬며 참아야 했다.

"당신 고생 많구나. 저런 사람하고 직장 생활 하니 말이야. 미안해. 내가 맞벌이라도 하면 당장 때려치우라고 하고 싶다."

새벽까지 설거지를 하던 아내가 마침내 눈시울을 붉혔다. 신규 브랜드로 옮겨 오지만 않았더라면 이 모든 불운한 일들이 일어나지 않았을 거라는 생각에 나 자신이 원망스러웠다.

나는 마지막 지푸라기라도 잡는 심정으로 신규 브랜드 본부장을 찾아가 그간의 일들을 털어 놓고 상의를 했다. 하지만 그는 온갖 감언이설로 나를 데려올 때와는 완전히 다른 태도였다. 무조건 신임과장에게 맞추라는 것이었다. 그것이 그를 보는 마지막이 되었다. 나는 사표를 냈고, 기다렸다는 듯 사표는 수리되었다.

직장인들이 가장 크게 스트레스를 받는 부분이 업무가 아닌 인간관계라고 한다. 그도 그럴 것이 일이 힘든 것이야 조금 더 열심히 일하면 충분히 해결할 수 있는 문제지만, 인간관계는 나 혼자의 노력만으로 쉽게 해결할 수 있는 문제가 아니다. 이것은 은근히, 그리고 지속적으로 사람의 머리를 지끈거리게 한다.

당시 내가 그들에게서 받은 스트레스는 거의 고통에 가까웠다. 그 고통이 얼마나 심했던지 나는 작은아이가 태어나고 7개월 동안 다른 방에서 혼자 생활했다. 자려고 누웠다가도 다른 직원들 앞에서 모욕을 당했던 기억이 떠올라 심장이 벌렁거렸고, 신임 과장의 횡포로도 모자라 본부장에게 팽까지 당해야 했던 것에 대한 분노와 배신감 때문에 치가 떨려 잠을 이룰 수가 없었다.

"왜 나에게 이런 시련이 올까? 도대체 왜?"

아직 포기하기에는 이른데, 할 수 있는 일들이 많은 것 같은데 왜 벌써 내 앞에 끝이 와 있는 것인지 원망스럽기 그지없었다. 하지만 이런 내 마음과는 별개로 이미 사표는 처리되었고, 나는 직장을 잃었다.

"이러면 나보고 죽으라는 겁니까?"

잠을 이룰 수가 없었다. 잠이 오지 않았다. 아니, 정확히 말하면 잠을 잘 수가 없었다. 원망은 자괴감으로까지 이어져, 나 자신이 이것밖에 안 되나 하는 생각에 힘든 나날을 보내야 했다. 남 탓을 하기 전에 나 자신이 강했으면 나에게 어떠한 시련이 와도 극복을 할 수 있었을 터인데, 자신이 미약하니 조그만 충격에도 휘청일 수밖에 없는 것 아니냐며 나는 스스로를 질책해야 했다.

큰 뜻을 품은 창업이
끝없는 좌절과 실패로

회사를 그만두고 난 후, 하루하루가 바람 한 점 없는 폭풍 전야와 같았다. 만신창이인 내 마음은 아랑곳 않고 통장에서는 사흘이 멀다 하고 돈 빠져나가는 소리가 들렸다. 아내는 내가 다시 일을 시작할 때까지 최대한 절약하며 살았지만, 네 식구 생활비로 나가는 돈이 만만치 않다 보니 곶감 빼먹듯 돈이 빠져나갔던 것이다.

"이대로는 안 돼. 무슨 일이든 해야 해!"

나는 눈앞에 끝도 없이 펼쳐진 어둠을 걷어 내기 위해 발버둥 쳤다. 그러던 차에 누군가 나에게 사업을 해보는 것이 어떻겠냐고 권해왔다. 직장 상사의 농간에 놀아날 일도 없겠다 싶어 나는 귀가 솔깃했다. 특히 영업과장에게 무시당했던 것을 생각하면 다시 보란 듯이 성공해서 내가 아직 죽지 않았음을 보여 주고 싶었다.

우리나라 자영업자들이 2년 이내 실패할 확률은 81%, 성공 확률은 채 4%도 되지 않는다는 통계도 무시한 채, 나는 30대의 젊은 혈기와 오기로 무장하고는 덜컥 사업에 뛰어들었다. 전략적 분석이나 기발한 아이디어도 없이 그저 '아직 젊은데 뭔들 못 하겠느냐, 무엇이든 할 수 있고 무엇이든 잘해내야 한다'는 치기 어린 무모한 돌진이었다.

퇴직금은 중간에 한 번 정산한 터라 목돈이 없었다. 나는 일단 보증금이 없는 싼 월세로 신림역 근처에 사무실을 얻었다. 새로 온 과장과 뜻이 맞지 않는다며 후배 두 명도 퇴사하여 합류했다. 혼자가 아닌 것은 좋았지만, 막상 직원이 생기고 나니 월급을 줘야 하고 그들을 책임져야 한다는 부담감이 생겼다.

하지만 부담도 잠시뿐, 책상을 마련하고 전화를 연결하고 나니 내 사무실이 생겼다는 사실에 들떴고, 제일 먼저 아내에게 전화를 해서 "열심히 잘해 보겠다"며 새롭게 각오를 다졌다. 아내는 한 푼이라도 아껴야 한다며 사무실에 필요한 컵이며 쟁반, 휴지 등을 집에서 직접 들고 왔다.

사업 아이템은 일본식 타코야키 프랜차이즈 사업이었다. 경기가 안 좋다 보니 값싸게 먹을 수 있는 것이 인기가 많을 듯했다. 그리고 프랜차이즈를 잘 운영하면 안정적으로 수입을 얻을 수 있을 것이라는 판단도 들었다. 나는 일본에서 문어류의 소스를 가져올 수 있다는 회사와 접촉을 시작했고, 몇 차례에 걸쳐 프랜차이즈를 시작하기 위한 프로모션 준비 회의도 했다. 그리고 제품에 대한 재료 공급 방법, 프랜차이즈 모집 방법, 프랜차이즈 소스 지원 물류 시스템 방법 및 결제 방법 등 모든 일을 차근차근 계획해 나갔다.

그런데 내가 진행하는 일에 대해 몇 번에 걸쳐 설명을 했음에도 불구하고 소스 공급회사에서는 자꾸만 프로세스에 대해 좀 더 자세히 설명해 달라고 요구해 왔다. 자기들이 물건을 수입해서 공급해야 하는데, 판매처의 정확한 업무를 알아야 확신을 가지고 공급 계약을 맺을 수 있다는 것이었다. 틀린 말은 아니라는 생각이 들었다.

그들은 프랜차이즈는 어떻게 확보할 계획이며, 프로모션은 어떻게 할 것이며, 비용은 얼마나 들어가고, 오픈 예상 지역 및 매출 목표, 그리고 물류 시스템은 어떻게 구축하고, 비용과 담당자는 누구인지까지 세세히 말해 달라고 했다. 나는 그들의 지나친 요구가 마음에 들지 않았지만, 중간중간 계획서 및 운영 방법 등이 자신들의 생각과 다르면 계약을 하지 않겠다며 엄포를 놓는 바람에 어쩔 수 없이 자세한 부분까지 말해 주게 되었다.

내가 자세한 설명을 한 후 계약서를 작성하자고 말할 때마다 그들은 이런저런 이유를 들어 계약서 작성을 미루었다. 나는 자금도 부족한 데다 아이디어까지 그들과 공유하고 있으니 불안한 마음이 점점 커져만 갔다. 그런데 얼마 지나지 않아 그 불안함이 현실로 드러나고야 말았다.

그날도 이런저런 회의만 하고는 계약서를 작성해 주지 않아, 나는 맥이 빠진 채 사무실로 돌아오는 중이었다. 그런데 매장 오픈 예정지로 봐 두었던 가게의 직원에게서 전화가 왔다. 조금 전 어떤 사람이 와서 가게는 잘되는지, 월세는 얼만지 등등 궁금한 것을 물어

보고 갔다는 것이다. 평소 안면을 터 두었던 직원인지라 이 상황에 대해 심상치 않은 낌새를 느끼고 서둘러 나에게 연락을 한 것이다.

화가 머리끝까지 치밀어 오른 나는 즉시 발길을 돌려 그 회사를 찾아갔다. 하지만 책임자들은 자리를 비운 상태였고, 전화 통화조차도 되지 않았다. 다음 날 다시 찾아간 나는 사장에게 거칠게 항의했다. 그런데 사장은 입가에 유들유들한 웃음을 흘리며 자기네들이 사실 확인차 알아본 것이니 오해하지 말라고 했다. 그러면서 자기들의 질문에 몇 가지 더 답변을 해 주면 계약서를 작성하겠다고 했다. 나는 제발 더 이상은 나와 우리 가족에게 불행한 일이 일어나지 않기를 바라며 그가 궁금해 하는 것에 대해 최대한 자세히 설명해 주었다. 하지만 그는 이런 나의 노력과 믿음을 철저히 기만하고 배신했다.

그는 또 핑계를 대며 계약을 사흘 뒤로 미뤘고, 마침내 약속한 날짜가 되자 계약하는 조건으로 정말 어이없는 것을 요구했다. 타코야키 대리점 모집 광고를 5대 일간지 신문 전면에 내라는 것과 우리를 서울 지역 대리점 물량 총판으로 한정하며 지방 대리점에는 자신들이 직접 공급하겠다는 것이었다. 막대한 광고비도 문제였지만, 지방 공급권을 자신들이 갖겠다는 이야기에 나는 날강도가 따로 없다는 생각이 들었다.

애초에 이런 조건을 제시했더라면 나는 아예 그들과 상종을 하지 않았을 것이다. 사업이란 게 아무리 자신의 이익을 위해 적당히 주고 적당히 받는 관계라지만 이런 어이없는 경우는 처음이었다.

그야말로 막무가내였다. 물론 나는 그들이 그렇게 막무가내로 나오는 이유를 알고 있었다. 그들의 목적은 자신들의 의견을 관철시키는 것이 아니라, 내 아이디어나 기획을 통째로 삼키는 것이었다.

"말이 되는 소리를 하세요. 지금껏 아무 말 없다가 막상 계약을 하려니 이런 어이없는 조건을 내거는 경우가 어디 있습니까!"

"하기 싫으면 하지 마세요."

그들의 대답은 간단했다. 나는 아무 생각도 할 수가 없었다. 어렵사리 준비한 일이었는데, 첫발도 떼어 보지 못하고 고꾸라진 것이다. 허망한 마음을 안고 사무실로 돌아오는 길에 하늘을 바라보며 눈물 섞인 원망을 쏟아냈다.

사업을 시작하면 작은아이 분유 값 걱정도 덜고, 큰아이 학원도 보내 주고, 시골에 계신 부모님께 용돈도 보내 드릴 생각에 마냥 꿈에 부풀어 있었다. 하지만 모든 것이 물거품이 되자, 나는 생활비는 어떻게 해결할 것이며, 나를 따랐던 직원들의 월급은 어떻게 할 것인지 당장 눈앞에 산적한 고민들로 한숨이 절로 나왔다.

마음은 무너져 내려 이미 바닥에 주저앉았지만 몸은 그럴 수조차 없었다. 어떻게든 일을 해결해야 했다. 돈을 구해야 했다. 그래야 우리 가족은 물론이고 직원 가족들의 생계를 해결할 수가 있었다.

나는 그날부터 얼굴에 철판을 두껍게 깔고는 아는 사람들에게 돈을 빌리러 다녔다. 이미 은행권 대출은 불가능한 상태라 지인들에게 돈을 빌리는 것밖에는 별다른 방도가 없었던 것이다. 나는 그간의 일을 설명하고, 당장 직원들 월급이라도 해결해야 한다며 사정을 했다.

"그러니 직원들 월급이라도 주게 얼마만이라도 좀 빌려주셨으면 합니다."

"그러게 돈도 없는 사람이 뭣 하러 사업은 시작해 가지고. 쯧 쯧."

"자네가 앞으로 뭘 할지도 모르는데 뭘 믿고 돈을 빌려주겠는가. 쯧쯧."

맞는 말이었다. 하지만 모든 것이 지당한 말이라고 해도 그들에 게 섭섭하고 야속한 마음이 드는 것은 어쩔 수 없었다.

모든 희망을 접고 되돌아오는 길에 나는 서러움의 눈물을 흘렸 다. 내가 그들에게 크게 도움을 준 일은 없었지만, 그렇다고 이렇게 문전박대 당할 정도로 신의를 저버리는 일도 하지 않았었다. 물론 돈이 개입된 문제다 보니 그저 사람에 대한 믿음만으로 선뜻 돈을 빌려 주기는 힘들 것이다. "그럴 수 있지. 나 같아도 그랬겠어" 하 며 그들의 심정을 이해하려 노력했다. 하지만 서러운 마음은 좀처 럼 가시질 않았다.

"모든 것이 어려운 상황입니다. 아쉽지만 이쯤에서 정리하고 다 시 직장을 찾는 것도 방법이라는 생각이 들어요. 그리고 다시 훗날 을 도모하면 되잖아요."

같이 일을 하던 후배 직원이 나를 위로했다. 자신은 아직 미혼이 라 책임질 가족도 없으니 자기 걱정은 말라는 말도 덧붙였다.

"조금만 더 생각할 시간을 주게."

사업에 대한 미련을 완전히 접지 못한 탓에 나는 집 전세금이라도 빼서 신문광고를 내 볼까 하는 생각을 하고 있었던 것이다. 하지만 아내의 심한 반대에 부딪혀 그것은 그냥 생각에만 그쳤다. 아내는 전세금을 빼서 전면 신문광고비로 쓰고 나면 아이들을 데리고 길거리에서 지내냐며 울먹였고, 나는 이 모든 것이 내 잘못된 판단 때문에 벌어진 일이라는 생각에 너무나 괴로웠다. 다음 달 월세 날이 다가오고 있었고, 월세라도 아끼려면 하루 빨리 결단을 내려야 했다.

저녁 무렵 나는 거실에 딸린 좁은 베란다로 나가 담배를 입에 물었다. 어디서부터 잘못된 것인지, 되돌릴 수는 있는 것인지 등등 온갖 생각이 머리를 어지럽혔다. 아무리 생각해도 여웃돈 없이 사업을 계속한다는 것은 불가능해 보였다. 소스 공급업체를 새로 찾는다 해도 그 기간 동안 집안은 더 엉망이 될 것이 뻔했다.

나는 머릿속을 어지럽게 떠다니는 생각들을 하나 둘 정리하기 위해 애썼다. 시간이 얼마나 지났는지 베란다 아래로 우유를 배달하는 차가 보였다. 그리고 잠시 후에는 신문을 돌리는 아저씨 모습이 보이기 시작했다.

"지금 몇 시가 된 거지?"

그제야 내가 오랜 시간 베란다에 서서 생각에 빠져 있었다는 것을 깨닫고는 시계를 들여다보았다. 새벽 5시였다. 나는 담배 한 대만 더 피우고 들어가야겠다는 생각에 담배를 찾았다. 하지만 새로 뜯었던 담배는 어느새 속이 휑하니 비어 있었다. 밤새 담배 한 갑을

다 피운 것이다.

밤을 새우며 고민한 끝에 나는 결단을 내릴 수 있었다. 그날 저녁 나는 직원들과 사무실 근처 시장통에 있는 가판 순대집에 앉았다. 나는 소주와 순대를 주문하고는 한동안 말없이 바닥만 바라보며 있었다. 직원들 역시 아무도 먼저 말을 꺼내지 않았다.

나는 콜라 컵에 소주를 가득 따라 한 번에 들이켰다. 너무나 미안한 마음에 도저히 맨 정신으로는 입이 떨어지지가 않았다.

"미안하게 됐다."

나를 믿고 기다려 준 직원들에게 미안하고 또 미안했다. 하지만 내가 해 줄 수 있는 것이라곤 기껏해야 미안하단 말밖에는 아무것도 없었다.

"힘내세요."

주거니 받거니 기울인 술잔에 나는 취기가 올랐다. 술 냄새 풍기며 버스나 지하철을 타는 것이 민폐라는 생각에 나는 신림역에서 집까지 제법 먼 거리를 걸어서 갔다. 얼마나 걸었는지, 사당역을 지나 남태령 고개를 넘어가다가 그제야 나는 바닥에 주저앉았다. 취기가 올라 걷는 것이 너무 힘이 들기도 했지만, 나를 주저앉게 만든 것은 현실에 대한 괴로움이었다.

거래처가 될 만한 곳을 하나만이라도 더 알아 놓았더라면, 버틸 수 있는 자금이 조금만이라도 있었다면, 누가 조금만이라도 도와줬으면 해낼 수 있었을 텐데, 라며 한탄 아닌 한탄을 했다. 하지만 결국엔 그 모든 것이 내 잘못이라는 생각에 되돌릴 수 없는 지난 일들을 붙잡고 후회의 눈물을 흘렸다. 30대 건장한 남자가 길거리에 주저앉아 울고 있는 모습이 얼마나 처량한지, 그 어깨가 얼마나 무거운 것인지 나는 그제야 비로소 알게 되었다.

시간이 얼마나 지났을까. 새벽 찬 공기에 추위가 느껴졌다. 취기도 조금은 가라앉은 듯해서 고개를 다시 넘어가기 시작했다. 가다 힘들면 쉬어 가기를 몇 번을 했나. 그러는 동안 인생도 고개를 넘듯 가다 힘들면 쉬어 갈 수 있는 것이면 얼마나 좋을까라는 생각이 들었다. 가진 것 없는 가장은 힘들어도 쉴 수가 없다. 쉬어서도 안 된다. 어떻게든 가족들을 이끌고 고개를 넘어야 한다. 그래야 모두가 살 수 있으니 말이다.

희붐한 고갯길에서 청소하는 아저씨들이 보였다. 일을 할 수 있는 그들이 부러웠다. 신문 배달하는 사람, 우유 배달하는 사람 등 아침을 여는 사람들의 부지런한 발걸음이 거리를 채울 즈음 나는 마침내 집에 도착했다. 굽이굽이 고개를 넘고 또 넘어온 참으로 긴 하루였지만, 나는 자신의 자리에서 묵묵히 일하는 사람들의 모습을 눈에 담고 올 수 있어서 참 좋았다. 그들이 어둠을 몰아내고 세상의 빛을 열듯 내게도 희망의 빛을 전해 줄 것만 같았다.

불가능과 가능은
한끗 차이다

　사람들이 낭떠러지라고 말하는 그곳에도 알고 보면 바닥이 있다. 그리고 그 바닥에 닿으면 다시 예전처럼 발을 딛고 걸으며 살수 있다. 물론 운이 좋으면, 아니 열심히 노력하면 다시 위로 올라오는 길도 찾을 수 있다. 하지만 낭떠러지를 세상의 끝이라고 여기는 것은 그 밑바닥에서 살고 싶지 않기 때문일 것이다. 그 새벽길, 고개를 넘으며 만났던 사람들을 통해 나는 다시 땅을 밟으며 걸을 용기를 얻었다. 그것이 언덕 위 편안한 길이든 낭떠러지 아래의 험한 길이든, 내가 밟고 걸을 수 있는 땅이 아직은 많이 남아 있음에 감사했다.

　다음 날 몸을 추스른 나는 직장을 알아보기 위해 분주히 움직였다. 남들은 엎어진 김에 쉬어 간다며 잠시라도 생각을 정리할 시간을 가지라고 조언했지만 나는 쉴 짬도 없었다. 몇 달간 수입이라곤 전혀 없었으니 가족의 생계도 걱정이었지만, 나 스스로 패배한 기분을 계속 유지하며 지내고 싶지가 않았다.

막상 직장을 구하려고 다녀 보니 나는 아직 나이도 젊은 데다 대기업 근무 경력도 있어서 남들보다는 나은 조건이란 것을 알 수 있었다. 욕심을 부리면 한도 끝도 없을 것 같아 눈높이를 낮추고 최대한 겸허한 자세로 임하다 보니 어렵지 않게 취직이 되었다.

나는 처음부터 새로 시작한다는 기분으로 열심히 일했다. 덕분에 얼마 지나지 않아 우리 가정은 안정을 되찾았다. 작은아이의 분유 값 걱정을 덜고, 큰아이도 다시 학원에 다닐 수 있게 되었다. 적게나마 부모님께 용돈도 보내 드렸고, 얼마 안 되는 돈이지만 다시 저축이란 것을 할 수 있게 되었다.

그러는 동안 우리는 전세 만기가 지나 몇 번의 이사를 해야 했고, 아이들은 훌쩍 자라 작은아이가 초등학생이 되었다. 그즈음 나는 다른 회사에서 스카우트 제의를 받았다. 월급도 지금보다 더 많이 주고, 스카우트비로 몇 천만 원을 먼저 주겠다고 했다. 단 조건이 있었다. 무조건 1년 이상 근무해야 하며 백화점에 입점할 수 있는 브랜드를 만들자는 것이었다. 쉽지 않은 제안이었지만 그렇다고 해서 선뜻 거절하기도 힘들었다. 몇 천만 원은 분명 큰돈이니 말이다.

아내는 스카우트비로 나오는 목돈으로 집을 사자며 그 회사로 옮겨 가라고 강력히 밀었다. 2년에 한 번씩 이사를 했던 아내의 입장에서는 그럴 법도 했다. 게다가 그동안 많은 돈은 아니지만 조금씩 돈을 모아 전세금을 올리다 보니 이제 약간의 대출만 받으면 내

집을 마련할 수 있는 상황이었다.

내가 새롭게 출근할 회사는 미사리에 있었다. 미사리. 낭만이 흐르는 카페가 많은 곳이다. 주로 7080 시대의 가수들이 와서 공연을 하는 장소로, 서울 및 근교에서 제법 많은 사람들이 찾아와 밤에는 정말 멋진 분위기가 연출되는 곳이다. 그런데 내가 근무할 곳은 그런 멋진 분위기와는 거리가 멀어도 한참 멀었다. 미사리는 미사리인데 논과 창고만이 있는, 사무실로는 전혀 어울리지 않는 아주 낯선 곳이었다.

장소만 그런 것이 아니었다. 나에게 인사를 건네는 직원들 중에는 도대체 뭐 하는 사람인지 의문이 들 정도로 험악하게 생긴 사람들도 있었다. 물론 얼마 지나지 않아 그들이 정말로 성실하고 좋은 사람인 것을 알게 되었지만, 당시 그들의 첫인상만으로 판단할 때 그들을 데리고 일을 한다는 것은 거의 불가능해 보였다.

나는 스카우트비로 받은 돈을 돌려주고 다시 돌아가고 싶었지만, 그 돈으로 이미 아파트를 계약해 놓은 상태라 선택의 여지가 없었다. 그렇다면 결국 여기서 살아남는 법을 찾아야 했다. 하지만 시작부터 암담했다. 남들은 백화점 입점 브랜드를 만들기 위해 해외 시장 조사는 물론이고 내로라하는 유명 디자이너들을 데리고 일을 하는데, 나는 미사리 논 한가운데에서, 그것도 인상마저 험악한 직원들을 데리고 일을 해야 했다. 앞이 깜깜해졌다.

다른 사무실에 근무한다는 나이가 좀 있는 여자 MD를 소개받았다. 기획을 같이할 직원은 그 여직원밖에 없었다. 전혀 길이 안 보이는 듯했다. 그렇게 끙끙대며 몇 개월의 시간이 흘러가는 동안 가시적인 발전은 없었지만 그나마 직원들과 많이 친해져서 나름 의견을 나눠 가며 회의란 것도 하게 되었다.

하루는 한 직원이 소주 한잔 하자며 술자리를 청해 왔다. 무슨 할 말이 있는 것 같았다. 그는 나에게 퇴사하지 말아 달라는 부탁을 했다. 사실 그동안 아내에게 퇴사에 관해 몇 번 이야기를 한 적이 있었다. 나와 너무 안 맞는 데다, 그곳에서 계속 지내다가는 무능해질 것 같았기 때문이다. 그게 직원들의 눈에도 보였나 보다.

"사실 우리도 여기 생활이 너무 힘듭니다. 게다가 이렇게 시간을 무의미하게 보내면서 나이만 먹는 것이 불안하기 짝이 없어요."

그는 나에게 허심탄회하게 속 이야기를 하며 또 다른 부탁을 해 왔다. 나보고 브랜드를 만들어 자기들을 1군으로 데리고 나가 달라는 것이었다. 덩치도 큰 데다 험악하기도 하고 나이도 있는 직원이 그런 말을 해 오니 마음이 짠할 수밖에 없었다.

직원들의 마음을 알고 나니 나는 그곳을 떠날 수가 없었다. 그들이 좋아진 것이다. 나는 그들과의 약속대로 브랜드를 만들어 함께 1군으로 진출하는 것을 목표로 삼았다. 시간과 자금이 절대적으로 부족했으나, 가능한 한 모든 방법을 동원해 입점을 하기 위한 방법을 조사했다. 먼저 입점에 성공한 브랜드를 찾아다녔다. 그런데 그때마다 나는 현실의 높은 벽을 느끼며 지금 형편으로는 불가능하다는 생각만 들 뿐이었다. 그들은 입점의 비결로 한결같이 막대한 자금과 풍부한 인력을 꼽았기 때문이다.

나는 모두가 퇴근한 창고 안에서 홀로 남아 백지 위에 해결 방법이 될 수 있는 모든 것을 적어 보았다. 생각은 새벽까지 이어졌고, 미사리 창고는 어느새 도둑고양이와 개들만 오가는 무시무시한 곳으로 변해 있었다.

나는 마침내 백지 위에 '불가능'이라고 결론을 적었다. 아무리 생각해 봐도 불가능했기에 몇 번이고 덮어 적었다. 백지에 여백이 없어 뒷장으로 넘겼다. 그러고는 잠시 일어나 창고 안을 거닐었다. '또다시 지긋지긋한 실패와 좌절을 경험해야 하나, 정말 불가능한 건가' 라는 생각들이 머릿속을 어지럽게 떠다녔다.

나는 다시 사무실로 돌아와 자리에 앉았다. 그때였다. 분명 '불가능'이라고 적었던 글자가 '가능'으로 바뀌어 있었다. 자리에 앉을 때 종이 위에 손을 짚었는데, 공교롭게 '불' 자를 가린 것이었다. 나는 뒤집어진 종이를 다시 바르게 되돌리며 종이 위에 선명하게 적힌 '가능'을 보게 된 것이다.

"그래! 이거야! 남들처럼 생각하는 것이 아니라 뒤집어 생각하는 것!"

방법을 찾았다. 돈과 시간, 심지어 인력까지, 모든 것이 부족한 우리는 남들처럼 해서는 절대 입점할 수 없었다. 대신 생각을 뒤집었다. 브랜드 입점에서 떨어진 사람들의 실패 요인을 분석해 그것을 피해 가는 방법을 찾는 것이었다. 특히 품평회 때 심사관들이 싫어하는 것이 무엇인가를 알아내는 것이 중요했다.

"그때 왜 떨어지신 거 같습니까?"

46

"그때 입점했던 브랜드는 왜 입점한 거 같습니까?"

나는 며칠 동안 입점에서 탈락한 브랜드 책임자들을 찾아다닌 끝에 원하던 정보를 얻어 냈다. 그들의 정보를 통합한 결과 심사관들이 지나친 디테일 구사를 싫어한다는 결론을 얻었다. 이로써 우리의 1차 목표는 작품성도 시장성도 아닌, 무조건 심사관들의 관심을 끄는 데에 있었다. 어찌 보면 다소 무모해 보이는 전략이었다. 하지만 놀랍게도 이 전략이 우리에게 성공을 안겨 주었다. 남들은 브랜드를 입점하기 위해 30~50억을 쓴다고 하는데 우리는 1억 정도의 투자만으로도 성공을 거두어 낸 것이다.

입점이 결정된 이후, 우리는 백화점 매장 인테리어 시안을 준비하고 제품을 준비해 입점을 위한 준비를 차근차근 진행해 나갔다. 당연히 사장님도 기뻐하셨다. 이제 자신도 1군 브랜드의 소유주가 되었다며 나에게 앞으로 브랜드를 잘 관리해 달라고 당부했다.

그런데 기쁨도 잠시, 백화점으로 진출한 지 얼마 지나지 않아 일이 터졌다. 사장님이 평소 알고 지내던 분에게서 급하게 다른 브랜드를 인수하는 일이 벌어진 것이다. 잘나가는 브랜드까지는 아니더라도 흠은 없어야 하는데, 불운하게도 새로 인수한 브랜드는 보고받은 것보다 훨씬 많은 부채를 안고 있었다. 백화점 입점까지 성사되고 나니 사업 확장에 대한 의욕이 앞선 나머지 사장님이 세세한 부분까지 미처 확인을 못 한 것이었다. 게다가 내가 양쪽 모두를 총괄하며 잘해낼 것이라는 믿음도 컸다고 하셨다.

인수 브랜드의 부채 현황은 생각보다 심각했다. 매월 돌아오는 어음을 막기가 힘겨울 정도였다. 신규 브랜드에 자금이 투입되는 게 아니라, 신규 브랜드에서 벌어온 자금을 인수한 브랜드에 투입해야 했으니 몇 개월 못 가서 신규 브랜드마저 매출 부진으로 퇴출이라는 위기 상황에 처하게 되었다.

신규 브랜드가 퇴출되기 전 자금이 필요했던 사장님은 어쩔 수 없이 브랜드를 팔아야 하는 어이없는 상황에 맞닥뜨리게 되었다. 나와 직원들은 허망한 표정으로 서로를 쳐다보았다. 미사리 허허벌판 한가운데서 우리가 어떻게 준비해 왔는데, 게다가 몇 십 억이 들어도 진입하기 힘들다는 1군에 들기 위해 없는 돈을 쪼개 가며 우리가 얼마나 기를 썼는데, 모든 것이 한순간에 사라진 것이다. 고통도 순간이듯 성공의 기쁨도 순간이란 것을 절감하는 순간이었다.

그렇게 허망하게 공든 탑이 무너지고 나니, 나는 회사 일에 대해 별다른 의욕이 없었다. 그러던 차에 어느 회사에서 영업본부장 자리를 제안해 왔다. 직원들에 대한 의리가 내 발목을 잡았지만 마음이 떠난 곳에서 계속 일을 한다는 것은 나에게도 고통스러운 일이었다. 때문에 나는 얼마 지나지 않아 새로운 회사로 자리를 옮겼다.

영업본부장이다 보니 이틀이 멀다 하고 접대가 이어졌다. 그때나 지금이나 나는 접대에 대해 굳이 색안경을 끼고 보지는 않는다. 접대 자리에서 간혹 바람직하지 못한 것들이 오가긴 하지만, 분명 접대의 목적은 상대를 파악하는 데 있으니 말이다. 게다가 상대에 대한 정보 파악뿐만 아니라, 술자리를 통해 서로의 입장을 더 깊이 이해할 수도 있고, 나아가 업무 협조를 요청할 수도 있으니 접대는 분명 상호간에 도움이 되는 점도 있다.

새벽까지 이어진 술자리가 파하면 상대를 택시 태워 보내고 나는 새벽길을 걷는다. 택시비도 아껴야 하고 술도 깨야 하기 때문이다. 내가 술을 마신 것인지 술이 나를 마신 것인지 모를 정도로 길 위에서 온몸이 무너져 내렸다.

집으로 들어가 눈을 붙일 짬도 없이 대충 씻고 옷을 갈아입은 뒤다시 출근을 했다. 내 몸이 피곤한 것과는 별개로 회사는 늘 그렇듯아침 9시만 되면 정상적으로 돌아간다. 나는 직원들보다 좀 더 이른 시간에 도착해 전산에 올라와 있는 매출 현황부터 체크했다. 그리고 출근하는 직원에게 전화를 걸어 어제 매장별로 특별한 일이 있었는지 등 궁금한 것 몇 가지를 체크했다.

임원이 된 후 달라진 점은 늘어난 월급만큼이나 책임도 늘었다는 것이다. 사원 시절이나 임원 시절이나 나는 여전히 열심히 일했지만, 임원이 된 후 회사나 직원들에 대한 책임을 어깨에 지고 가니 그 무게가 분명 다르게 느껴졌다. 그래서인지 매일같이 내 몸은 무너져 내렸고, 그럼에도 불구하고 나는 영업본부장으로서 책임을 다하기 위해 술자리에 참석해야 했다.

가끔은 사원처럼 일하고 임원처럼 월급 받기를 소망할 정도로 일에 대한 중압감이 컸지만, 솔직히 당시 나를 더 무겁게 짓누르던 것은 따로 있었다. 바로 가족들에 대한 책임감이었다. 아이들은 하루가 다르게 커 갔고, 학원비는 물론이고 아이들이 갖고 싶다고 말하는 것도 가끔은 만족시켜 주어야 했다. 뿐만 아니었다. 양쪽 집안

부모님들은 연세가 많은 탓에 작은 질환에도 맥을 못 추셨다. 매년 네 분이 교대로 병원에 입원하실 정도였다. "젊었을 때 보험이라도 하나 들어 놓으시지"라는 말이 절로 나올 정도로 병원비가 만만치 않게 나왔다.

세금을 공제하고 받은 월급으로 대출 이자며 생활비, 학원비 등 기본적인 경비를 지출하고 나면 가계부는 매번 마이너스였다. 게다가 병원비처럼 생각지도 못했던 일들이 큼지막하게 터지다 보니 돈을 모은다는 것은 꿈같은 일이었다. 덕분에 그 시절 아내의 가계부에는 매번 힘겹게 생활하는 가정 경제의 어려움이 고스란히 담겨 있다.

시간이 지날수록 월급이 제 날짜에 나오지 않았다. 회사가 힘들다면 어느 정도 이해하고 갈 문제였지만, 매출 실적이 눈에 띌 만큼 나오는 달에도 월급은 어김없이 늦게 지급되었다. 짐작건대 그 회사의 오래된 악습 같았다. 직원들의 급여는 물론이고 거래처에 지급해야 할 대금조차 늘 미루어서 지급을 하니 거래처에서는 결제를 요청하는 전화가 수시로 걸려 왔고, 매장 직원들의 밀린 월급 때문에 본부장인 나에게까지 전화가 연결되는 상황이었다.

나는 적어도 직원들 월급만큼은 제 날짜에 내보내 달라고 수없이 건의했지만 대부분 지켜지지 못했다. 게다가 임원인 나의 월급은 항상 미뤄져서 나왔다. 책임을 져야 하는 임원이기 때문이란다. 모든 게 악몽이었다. 아니, 차라리 악몽이었으면 했다. 적어도 잠에서 깨고 나면 모든 것이 제자리에 있지 않을까 해서다. 하지만 그 모든 것이 현실이었다. 어렵사리 넘어온 고갯길의 끝에서 더 높은 고개를 만난 격이었다.

하지만 나는 결코 좌절하지 않았다. 오히려 이성적이고 냉정한 판단을 할 수 있었다. "지금 타고 있는 말이 죽었다는 것을 깨달았다면 그 말에서 곧바로 내려라"라는 인디언 속담처럼, 잘못된 길임을 알았다면 그 길을 과감히 돌아 나오는 것도 용기라는 것을 깨달았다. 지난날 내가 겪은 수많은 시련들을 통해 나는 무엇을 놓고 무엇을 쥐어야 할지 볼 수 있는 눈을 얻은 듯했다. 시련이 내게서 모든 것을 빼앗아 가지는 않은 모양이었다.

전구를 발명하기 위해 천 번의 실험에 실패한 에디슨은 "나는 실패한 것이 아니다. 단지 불이 켜지지 않는 천 가지 방법을 알아냈을 뿐이다"라고 말했다고 하지 않은가.

이처럼 시련을 받아들이는 내 태도가 바뀌었다는 건 나 스스로도 놀라운 일이었다. 짓밟히고 짓밟혀서 더욱 단단해지는 토양처럼 나는 그렇게 시련을 통해 단단하게 성공의 토대를 다져 갔다.

보험, 하필이면
그 짓을 하기 위해 마음먹다

"새는 알을 깨고 나온다. 알은 곧 세계이다. 태어나려고 하는 자는 하나의 세계를 깨뜨려야 한다."

데미안에 나오는 위의 구절처럼 새는 알을 깨야 새로운 세상과 만날 수 있다. 하지만 알을 깨는 데는 반드시 고통이 따른다. 이는 물리적 고통만을 말하는 것은 아니다. 싫든 좋든 이전까지 자신에게 삶의 둥지가 되어 준 알을 벗어나 새로운 세상으로 나아가는 것은 새에게 두려운 일임에 분명하다. 하지만 두렵다고 해서 시도하지 않으면 새는 결국 죽고 만다.

되지 않을 것을 붙잡고 내 청춘을 낭비하느니 차라리 이쯤에서 놓고 말자며 퇴직에 대한 단호한 결심을 했지만, 나는 두렵고 또 두려웠다. 비좁고 불편하기 짝이 없는 알이었지만, 적어도 그것은 얼마 동안 나와 내 가족에게 둥지가 되어 주었으니 말이다. 하지만 나는 이제 그 둥지를 박차고 나와 새로운 둥지를 틀어야 했다. 그런데 어디로 갈 것이며, 무엇을 해서 둥지를 만들 것인지조차 결정된 것이 없었으니, 나는 알을 깨고 나오는 것이 두려울 수밖에 없었다.

힘들고 혼란스러운 나날을 보내고 있을 때, 나는 몇 년 전 절친하게 지내는 선배 한 분이 나에게 보험일을 권했던 것이 생각났다. 그때 선배는 "아직도 우리 사회는 보험 영업을 하는 사람에 대해 안 좋은 시선으로 보는 경우가 많지만, 정작 그 일을 하는 사람들은 보험 영업이 얼마나 매력적인 일인지 안다"며 나를 설득했다. 그리고 열심히 노력한 만큼의 성과를 반드시 인정해 주니 꿈을 이루기에 이만한 일이 없다는 말도 덧붙였다.

나는 선배의 말에 마음이 동하여 아내에게 의견을 물었지만 아내는 대번에 반대표를 던졌다. 그 당시 입사하기로 한 회사에서 지급될 고액의 스카우트비가 아내의 마음을 끌기에 충분했던 것이다. 그때까지 나는 아내의 입장을 충분히 이해했기에 더 이상 고집을 부리지 않았다. 하지만 이번에는 달랐다. 지금처럼 회사를 다니며 받는 월급으로는 아무리 계산을 해 봐도 부모님 병원비며 생활비, 아이들 양육비와 교육비, 주택 문제, 아이들 결혼, 그리고 아내와의 노후 문제가 해결될 수 없었다. 게다가 제아무리 열심히 해도 월급이란 것이 고정되어 있다 보니 성과에 대해 보상을 해주는 영업직보다는 아무래도 동기부여가 약했다.

많은 고민 끝에 나는 아내에게 보험 쪽으로 직업을 바꾸겠다고 말했다. 아내는 이번에도 반대를 했다. 거액의 스카우트비를 준다는 회사가 있는 것도 아닌데 아내는 다시 막무가내로 싫다고 했다. 나는 아내와 많은 이야기를 나누며 설득을 시도했다. 예전처럼 아내의 반대에 눌려 포기해 버리면 큰 후회가 남을 것 같았기에 어떻게든 최선을 다해 설득해 볼 요량이었다.

"왜 하필이면 그 짓을 하려고 해?"

아내는 속이 상한 듯 울먹이며 소리쳤다.

"그 많은 직업 중에 왜 하필이면 보험이냐고! 남들한테 아쉬운 소리 해 가면서 당신이 왜 그렇게 살아야 해?"

아내는 그냥 고만고만한 회사에 가서 꼬박꼬박 월급만 받으면 될 것을 사서 고생을 하려 한다며 속상해 했다.

"고만고만한 회사에 가면 나도 결국엔 고만고만한 사람밖에는 안 돼. 나 역시 보험일이 여전히 사람들 사이에 인식이 안 좋다는 거 잘 알아. 당신조차도 이러니 다른 사람들은 오죽하겠어. 하지만 보험은 사람들에게 꼭 필요한 거야. 우리만 봐도 그렇잖아. 우리 부모님들 젊은 시절에 보험 하나씩만 들어 두셨어도 병원비로 이렇게 생돈이 나가지는 않잖아."

보험일이 얼마나 가치 있는 일인가를 설명하며 아내를 설득하고는 있었지만, 정작 내 마음은 그 일에 대한 가치보다는 돌파구를 찾는다는 심정이 강했다. 그동안 직장을 다니면서 돈이 필요한 일이 발생할 때마다 퇴직금을 중간 정산 받았고, 퇴사하면서 시작했던 사업은 제대로 해보지도 못한 채 있던 돈마저 다 날렸다. 게다가 집안 어른들의 병원비를 비롯해 하루가 멀다 하고 돈 나갈 일만 생기는 현실에서 월급마저도 제때 지급되지 않으니 카드를 돌려가며 결제대금을 메우는 등 생활은 엉망이 되어 갔다. 오죽하면 내가 복권에 매달리게 되었을까.

나는 언제나 최선을 다하며 열심히 일했고, 나름대로 실력도 인정받았다. 하지만 한 번 꼬여 버린 실타래는 풀기가 힘이 들듯 모든 게 시간의 속도만큼 꼬여 가고 있었다. 나는 꼬인 실타래를 풀 수 없다면 과감하게 잘라야 한다는 생각이 들었다. 그래서 지금까지와는 전혀 다른 길에서 새롭게 시작하고 싶었다.

사회 동기 중에 보험으로 먼저 전업한 친구를 찾았다. 나는 그에게 내 상황을 대충 설명한 뒤, 보험일이 먹고살 만한 벌이가 되는지부터 물었다. 일이 어렵고 힘든 것은 차후의 문제였다. 설령 일이 힘들다 해도 다른 이들도 다 하는 일을 나라고 못하란 법은 없었다. 결국 중요한 것은 수입이 생활을 할 수 있을 정도는 되느냐였다.

"월급쟁이들보다야 훨씬 낫지."

친구의 대답에 나는 조금 안심이 되었다. 하지만 정확히 얼마를 버는지 눈으로 직접 확인하지 않고서는 선뜻 결정을 내릴 수가 없었다. 나는 친구에게 수당명세서를 보여 줄 수 있겠냐고 조심스레 물었다. 나의 절박함을 아는지라 친구는 선뜻 그러겠노라 했고 며칠 후 지금껏 받은 수당명세서를 모두 들고 나왔다. 정말 친구는 자신의 말처럼 직장 다닐 때보다 더 많은 돈을 벌고 있었다. 부러웠다. '나도 저렇게 벌면 얼마나 좋을까?' '나도 친구처럼 벌 수 있을까?' 하는 걱정과 부러움이 뒤섞인 표정으로 수당명세서를 보고 또

보았다.

나는 마음을 굳히기 전에 최종적으로 선배에게 한 번 더 수입에 대한 확인을 했다. 사업을 하다 IMF 시절 수억 원의 빚을 졌던 선배는 보험 쪽에 먼저 들어와 있던 형수님의 권유로 같이 일을 하게 되면서 빚을 다 청산했다고 했다. 듣고 보니 기억이 났다. 한창 잘 나가던 사업가였던 선배가 IMF 이후 갑자기 연락이 되지 않았고, 몇 년 후 선배는 보험회사에 입사해 나를 찾아왔다. 그때 나는 기꺼이 선배의 고객이 되어 주었다.

선배의 수입까지 확인하고 나니 그 일에 대한 확신이 더 강해졌다. 게다가 그 일이 우리 가족을 이 어두운 터널에서 구해 줄 돌파구라면 나는 기꺼이 그 길을 가겠노라 다짐했다.

"그러지 말고 우리 회사로 한번 찾아와."

선배에게서 가진 자의 여유와 힘이 보였다. 하지만 전혀 거만해 보이지 않았다. 오히려 열심히 일해 쌓아 올린 부와 명예이다 보니 존경스럽기까지 했다. 나는 선배의 소개로 부지점장을 만났다. 이 런저런 대화를 나누고 몇 권의 책을 건네받았다. 보험 관련 책과 성공과 실패 그리고 꿈에 관한 책이었다. 나는 그 책들을 밤낮 가리지 않고 읽고 또 읽었다. 책의 내용도 좋았지만 당장에 먹고사는 것을 해결해 줄 답이 그 안에 있다고 생각하니 책을 손에서 놓을 수가 없었다. 그만큼 나는 절박했다.

낯선 보험 관련 용어가 나오면 사전을 찾아보기도 하고 부지점장에게 직접 전화를 걸어서 물어보기도 했다. 아직 입사도 안 했으면서 그런 것을 물어본다는 게 미안하고 어색했지만 올바른 결론을 내려야 하는 상황과 심정이 절박했기에 어쩔 수 없었다.

"당신, 왜 이런 책을 읽는 거야?"

아내는 내가 밤낮없이 읽고 있는 책이 보험 관련 책인 것을 알고는 읽지 말라며 화를 냈다. 그만큼 남편이 보험일을 하는 것이 싫었던 것이다. 하지만 나는 일을 보러 다니면서도 손에서 책을 놓지 않았다. 무슨 보물단지처럼 애지중지하면서 책을 읽었다. 그리고 책속에 담긴 내용처럼 내 상황을 연상해 보곤 했다.

3개월의 시간이 흘렀다. 길다면 길고 짧다면 짧은 고민과 고통의 시간이 지나자 마침내 결론을 내릴 수 있었다. 나는 아내를 설득하기 위해 밤새도록 대화를 나누었다.

"우리한테 지금 연금이 매달 나오는 게 있다면 어떨 것 같아?"

"그야, 뭐 지금과 같은 걱정은 없겠지."

나는 그런 든든함을 사람들에게 전하고 싶다고 말했다. 보험이라 하면 사람들이 이유 없이 거부하고 싫어하지만, 만약 그들에게 매달 연금이 나온다면 정말 싫어하겠냐며 찬찬히 보험의 장점에 대해 설명했다.

"사실 보험은 임대료 수입보다도 더 낫지. 임대료 수입을 얻으려면 적어도 억 소리 나는 건물 한 채는 가지고 있어야 하잖아. 어디 그뿐인가. 월세 제때에 안 내는 세입자와 싸워야 할지도 모르는데, 보험은 그럴 걱정도 없잖아. 제 날짜에 꼬박꼬박 돈이 입금되니 통장을 확인할 걱정도 없고, 취·등록세부터 임대소득세, 양도소득세

등 세금 걱정도 없는 비과세에, 평생 돈을 받을 수 있으니 얼마나 좋아? 게다가 내가 떠나고 나면 남은 가족들의 생계까지 보장받을 수 있으니 더없이 좋은 것이지. 사실 차량 사고가 났을 때 남들한테도 보상하기 위해 자동차보험에 가입하는 세상인데 자기 가족들한테도 당연히 보상을 해 주어야 하는 거잖아."

"그건 그렇지만……."

아내가 내 말에 귀를 기울이는 것을 보고 나는 더욱 당당하게 이야기를 이어 갔다. 이와 같은 이유로 사람들이 연금보험이나 종신보험에 가입하는 것을 당연한 것으로 본다며 보험에 대한 인식이 얼마나 많이 달라졌는지 설명해 주었다. 그리고 보험일을 아주 잘하고 있는 선배 부부를 알고 있다며 너스레도 떨고, 심지어 친구의 수당 명세서를 직접 내 눈으로 확인한 것까지 세세하게 말해 주었다.

"정 못 믿겠으면 당신이 직접 선배 부부를 만나보는 건 어때?"

확신하고 달려든 일에서 실패했던 경험이 있던 터라, 아내의 의견을 무시하고 내 고집을 피울 수는 없는 일이었다. 나는 끝까지 최선을 다해 아내를 설득하기로 마음먹었다.

"싫어. 만나 보나 마나 분명히 보험일을 하라는 말만 할 텐데 내가 왜 그분들을 만나?"

"일단 선배 부부 얘기를 들어 보고 당신이 아니다 싶은 이유들을 조목조목 정리해서 나한테 말해 줘. 그럼 나도 마음을 돌릴 테니까."

일단 아내를 선배 부부와 만나게 하는 것이 더 중요하다 싶어 나는 우회 작전을 썼다. 며칠 후 고맙게도 선배 부부는 우리를 집으로 초대해 주셨고, 아내는 자연스레 형수님과 이야기를 나누게 되었다. 선배의 집은 사업 실패로 큰 어려움을 겪었다는 것이 느껴지지 않을 정도로 넓고 단정한 분위기였다. 더군다나 수억 원이나 되는 빚을 다 갚고 이룬 안정이기에 더욱 값져 보였다.

아이들은 저희끼리 놀게 하고 아내는 형수님과 이야기를 나누기 위해 식탁에 앉았다. 선배와 나는 거실에 앉아 두 사람이 무슨 말을 나누는지, 어떤 결론이 날지 궁금해 하며 귀를 기울였다.

"걱정이다"로 시작한 아내의 질문은 어느새 가정형편에 대한 이야기로 전개되었고, 부모님과 아이들에 대한 것까지 모두 이야기하고 있었다. 짐작건대 아마도 우리 상황이 이러이러하니 "보험 한번 해 봐라!"라며 옆에서 부추기지 말아 달라는 부탁인 것 같았다.

형수님의 목소리는 낮고 작았기에 거실까지는 잘 들리지 않았지만 뭔가 진지하게 말하고 있다는 것은 알 수 있었다. 심상치 않은 분위기에 나는 물론이고 선배까지 긴장했다. 선배는 만약에 아내들끼리 이야기 나누었는데도 궁금증이 해결되지 않으면, 그때는 직장 생활을 계속하는 방법을 찾는 게 좋겠다고 말했다. 보험은 충분히 매력적인 일이고 가능한 한 젊은 시절부터 도전하면 좋지만, 그 업무상 고객과의 약속을 우선으로 해야 하고, 그러다 보면 종종 가족들을 챙기지 못하는 일이 발생하게 되니 아내의 전폭적인 이해와 지지 없이는 그 일을 하기가 불가능하다는 것이었다.

이른 저녁부터 나누기 시작한 대화는 밤 12시가 다 되어서야 비로소 끝이 났다. 형수님과 한참 동안 대화를 나눈 아내가 마침내 자리에서 일어나는 소리가 들렸다. 나는 아내의 표정이 궁금해 고개를 내밀어 부엌 쪽을 내다보았다. 형수님이 먼저 걸어 나오셨는데, 워낙 평소에도 밝은 표정을 짓는 분이라 도대체 상황을 짐작할 수가 없었다. 그런데 형수님의 뒤를 따라 나오는 아내의 표정은 딱딱하게 굳어 있었다. 순간 내 표정도 덩달아 굳어졌다. 이걸로 끝인가 하는 비관적인 생각이 스친 것이다.

집으로 돌아오는 길에 눈이 내렸다. 집까지 거리가 제법 먼 까닭에 돌아가는 길이 걱정이었지만 그보다 아내의 속마음이 더 걱정이었다. 큰길로 접어드니 더 많은 눈이 길에 쌓여 있었다. 나는 조심조심 한참을 달렸다. 옆자리에 앉은 큰아이는 잠이 들었고, 룸 밀러로 뒷자리를 힐끔거리니 피곤했던지 딸아이도 잠이 들어 있었다. 아내는 여전히 굳은 표정으로 창밖을 응시하고 있었다.

얼마나 지났을까. 아내가 먼저 입을 열었다.

"당신, 여자들이 사모님 소리를 들으면 기분 좋다는 거 알아?"

아내가 지금껏 망설이는 이유가 바로 그거였다. 얼마 안 되는 월급, 그마저도 늘 미뤄져서 들어오는 월급으로도 아이들 잘 키우고 양쪽 부모님까지 챙겨가며 힘겹게 살아가던 아내, 그런 아내에게 '사모님' 소리는 마지막 자존심이었던 것이다.

"내가 왜 당신이랑 결혼하려고 했는지 알아?"

한참을 달리는 중에 아내는 지나온 시간 동안 혼자 꽁꽁 가슴에 담아 두었던 말을 이어 갔다. 아내는 혼자 힘든 객지 생활을 하면서도 구김살 없이 열심히 살아가려는 내 모습이 좋았다고 했다. 군대 제대 후 아르바이트를 하느라 소파에서 새우잠을 자면서까지 학비를 해결하던 모습, 바쁘게 일하다 약속 시간에 늦어 땀을 뻘뻘 흘리면서 뛰어오던 모습을 보며 '이런 사람하고 결혼하면 처자식 굶기지는 않겠다'는 생각이 들었다고 했다.

"누가 사장 사모님 소리 듣게 해 달라고 했어? 그나마 본부장 사모님 소리라도 듣게 해 주면 안 돼?"

아내의 목소리가 떨려 왔다. 나는 아무런 대답도 할 수가 없었다. 너무나 미안했다. 결혼해서 10년이 넘도록 해외여행은커녕 국내여행 한 번 제대로 시켜 준 적이 없었다. 주말이면 아내와 아이들보다는 매장을 도는 것이 우선이었다. 내가 열심히 사는 만큼 아내와 아이들은 아빠 없는 외로운 주말을 보내야 했던 것이다.

아이들이 깰까 봐 소리 죽여 울먹이던 아내가 한참 후 다시 입을 열었다.

"이제부터 나는 보험쟁이 마누라가 되네."

아내가 허락했다. 너무나 어려운 결정을 해 준 아내에게 나는 한동안 말이 없었다. 아니, 그 어떤 말도 할 수가 없었다. 아내의 말대로 본부장 사모님에서 보험쟁이 마누라로 아내의 마지막 자존심이 전락하는 것이었다. 무슨 말을 해야 아내의 기분을 위로해 줄 수 있을지, 어떤 말로 이 고마움과 미안함을 표현할 수 있을지 생각이 나지 않았다.

"보험일, 정말 어렵대. 마음 굳게 먹고 열심히 해야 한대. 수당을 받아도 해약 건이 나오면 다시 환수되고, 고객한테 나름 잘한다고 해도 고객이 만족하는 경우는 드물대. 그리고 주변에 친구들도 소개시켜 주고 해야 한다는데, 사실 난 당신한테 내 친구들까지 소개시켜 주지는 못할 거 같아. 친구들한테 괜한 폐 끼치는 것도 싫고, 자존심 상하는 것도 싫어. 어떻게 하지?"

아내는 벌써 앞으로의 일까지도 생각하고 있었다.

집이 보였다. 차는 아파트 입구에 들어서서 우리가 사는 동으로 이동해 갔다. 아내는 무슨 말이라도 해 주길 기다리고 있을 텐데 나는 여전히 운전대만 쥐고 있었다. 아내가 조심스레 물어 왔다.

"왜 말이 없어?"

"당신한테 '님' 자를 떼게 해서 미안해. 그런데 나, 그냥 잘할게가 아니라 진짜 잘할게. 진짜 잘할 각오 되어 있어. 돈 많이 벌어서 당신이 어느 자리에 가든, 누구와 같이 있든, 아무도 당신 무시할 수 없게 '사모님' 자 꼭 붙게 만들어 줄게."

나는 아내에게 굳게 약속했다. 그리고 나 스스로에게도 다시 한번 다짐했다. 내 아내를 이 세상에서 가장 행복한 여자로 만들어 주겠노라고.

간절함이
길을 만들다

하루에 무조건 3명 이상을
만나야 하는 현실

　나와 같은 달에 보험회사에 입사한 사람은 전국적으로 350명 정
도였다. 각 지역별 사업본부로 흩어지고 나니 내가 몸담고 있는 본
부에는 35명 정도의 입사 동기가 있었고, 같은 지점에는 4명의 동
기가 있었다. 우리는 우선 한 달 동안의 교육 과정을 무사히 통과해
야 했다. 교육은 아침 8시부터 밤 10시까지 강행되었다. 보험에 대
한 용어부터 중간에 생명보험협회 주관 시험, 그리고 재정안정보장
플랜을 세우는 방법까지 자체 시험 및 실습이 계속 이어졌다. 게다
가 주어지는 과제물 또한 그 양이 상당했다.

　암기해야 하는 것, 응용해야 하는 것을 싸들고 나는 매일 씨름했
다. 10년 넘게 다른 업종에 근무하다 직업을 바꾸고 온 사람을 한
달 만에 금융업에 종사하는 보험인으로 만들어 내는 완벽한 커리큘
럼 앞에서 나는 저절로 혀가 내둘러졌다.

교육장으로 처음 들어서던 순간, 가수 인순이 씨의 〈거위의 꿈〉
이라는 노래가 흘러나왔다.

"그래요. 난, 난 꿈이 있어요. 난 그 꿈을 믿어요. 나를 지켜봐요.
저 차갑게 서 있는 운명이란 벽 앞에 당당히 마주칠 수 있어요."

상황이 상황인지라 그 절절한 노랫말은 나를 비롯한 교육생들의
가슴을 울리기에 충분했다. 사람들은 노랫말을 음미라도 하듯 비장
한 발걸음으로 교육장에 들어섰다. 잡담을 하거나 자세가 흐트러지
는 사람이 단 한 명도 없었다. 모두가 나만큼이나 절박한 사연을 가
진 사람들이란 느낌이 들었다.

금융 관련법부터 윤리강령까지 세세한 설명을 비롯해 선배와의
대화 등을 모두 마치고서야 비로소 나흘간의 교육장 교육이 끝을
맺었다. 본부로 돌아가서는 또다시 본부 커리큘럼에 맞추어 열흘간
오전 8시부터 오후 5시까지 교육이 이어졌고, 오후 6시 이후부터는
지점으로 돌아와 밤 10시까지 세부 교육을 받았다.

본부 교육을 마친 이후 지점에서 있었던 교육 시간은 정말로 힘
들었던 기억이 난다. 평소 같으면 하루 일과를 정리하고 휴식을 취
해야 할 시간인 데다, 피곤함 못지않게 긴장감과 불안함이 쌓여 있
었으니 그 마음이 오죽했을까.

그러던 어느 날, 나는 과제물을 하느라 전날 밤을 꼬박 새운 탓
에 그만 피곤함을 이기지 못해 저녁 강의 시간에 잠깐 졸고 말았다.
그런데 강의를 하던 부지점장님이 나를 본 모양이었다. 그분은 대
뜸 "그렇게 졸 거라면 집으로 돌아가세요!"라고 화를 냈다. 정신이

번쩍 들었다. 어떻게 입사한 회사인데 집으로 돌아가라니! 야속한 마음도 들지 않았다. 몸이 피곤한 것은 내 사정이며, 어쨌건 교육을 받아야 진정한 보험인이 될 수 있으니 졸려면 집으로 돌아가라는 것은 지당한 말이었다. 나는 졸음이 올라 치면 허벅지를 꼬집어 가며 잠을 이겨 냈다. 심지어는 뺨을 찰싹찰싹 때려 가며 강의 내용을 하나라도 놓치지 않기 위해 노력했다.

보험업에는 오래전부터 확실한 성공 법칙이 하나 전해져 내려온다. "3W=SUCCESS"라는 이 법칙은, 하루에 무조건 3명 이상 만나면 성공할 수 있다는 법칙이다. 월요일부터 금요일까지 일주일동안 15명을 미팅하면 그중 3명과 계약할 수 있다는 통계수치에 의해 나온 성공 공식인 것이다.

'하루에 만나는 사람이 몇 명인데 3명 만나는 것이 뭐가 그리 어려워?'라는 의문이 들 수 있다. 물론 나 역시 시작하기 전에는 그렇게 생각했다. 오히려 더 많이 만날 수 있을 거라 자신했다. 오전 9시에 출근해서 저녁 6시를 퇴근시간으로 잡고, 점심시간을 제외해도 하루 8시간이 내게 주어진다. 3명을 만나 2시간 이상씩 이야기를 나누어도 시간은 충분하다는 결론이 나왔다.

나는 고객을 만나는 것에 대해 걱정을 하는 것이 오히려 의아했고, 160년이 넘는 회사에서 이런 수치를 제시하면서 성공이란 말을 한다는 것도 이상했다. 친구며 전 직장 동료들만 만나도 충분히 계산이 되고도 남았다. 마치 학창 시절 시험공부를 시작하면서 시험

날짜와 책 페이지를 계산해서 공부하던 방법처럼 한다면 여유가 있겠다는 생각에 나는 한껏 자신감에 들떴다. 하지만 이런 나의 무모한 자신감은 교육을 마치고 실전에 투입되던 그 순간 산산이 무너지고 말았다. 현실은 단순한 수학적 계산법을 들이대기에는 변수가 너무 많았던 것이다.

한 달간의 교육이 끝나고 활동을 시작하는 첫날이 되었다. 설레고 긴장되는 마음도 잠시, 나는 갑자기 막막해졌다. 어디로 가지? 누구부터 찾아가지? 무슨 말을 하지? 그간의 다짐이나 자신감, 게다가 교육받았던 수많은 내용까지 다 어디로 사라졌는지, 순간 내 머릿속은 백지가 되었다.

"그래! 처음이라 떨리고 긴장될 수 있어."

나는 스스로를 위로하고 격려했다. 그런데 처음이라고 해서 모두가 나처럼 막막해 하는 것은 아니었다. 동기들은 이미 예약된 청약이 몇 건씩이나 있다며 가망고객을 만나러 나갔다. 출발을 알리는 총성이 울리자 모두가 저만치 앞서 나가는데 나만 출발점에서 이러지도 저러지도 못하고 머뭇거리는 꼴이 되었다. 누군가 "시험만 잘 보는 사람"이라며 농담을 던졌지만, 그 말을 그저 웃어넘길 수만은 없었다. 마음이 무거웠다.

사무실을 박차고 나와 일단은 누구든 만나야겠다는 생각이 들었다. 계약을 부탁할 곳은 떠오르지 않았지만 내가 보험인으로서 제대로 준비가 되었는지 확인받을 만한 곳은 있었다. 나는 나의 가장 절친한 벗에게 전화를 하고 그를 만나러 갔다. 나는 그 친구를 고객이라 가정하고 각 상품들에 대해 설명을 해 나갔다. 친구는 중간중간 이해가 안 가는 부분이나 내 설명이 부족한 부분을 지적하며 나를 적극적으로 도와주었다. 친구가 질문도 몇 개 했는데 나는 완벽하게 대답해 내지 못했다. 한 달이 넘는 기간 동안 쉬는 시간도 없이 열심히 공부했건만 아직도 부족한 부분이 있다는 생각에 내가 가야할 곳이 얼마나 멀리 있는지 실감하게 되었다. 집으로 돌아온 후 나는 다시 공부에 매달렸다. 완벽하게 실력을 갖추려면 단 한 시간도 허투루 보낼 수 없었다.

계약의 첫 테이프는 큰매제가 끊어 주었다. 가족이라 그리 어렵지 않게 생각한 계약 건이었지만, 저녁 8시부터 시작한 설명은 새벽 1시가 되어서야 끝이 날 정도로 진땀을 흘려야 했다. 마침 여동생 집에 시골 어머니께서 올라와 계셨는데 그 모습을 보시고는 "이왕 해 주는 거 그냥 편하게 해 주지 뭘 그렇게 힘들게 하냐?"며 못마땅한 표정을 지으셨다. 아들을 생각하는 어머니 마음은 충분히 이해하지만 큰매제의 속 깊은 마음을 아는 터라 나는 그냥 웃었다.

"앞으로 고객들을 많이 만나실 텐데, 제가 깐깐한 고객이 되어 미리 연습을 시켜 드리겠습니다, 하하."

매지는 가족이 아니면 누가 이런 연습을 미리 시켜 주겠느냐며 그의 말대로 아주 깐깐하게 질문을 해 왔다. 등에서 땀이 흘러내렸다. 매제는 이해가 완벽하게 되지 않으면 재차 물어 오기를 반복하며 그렇게 5시간 동안 나를 단련시켰다.

첫 계약으로 46만 원의 종신보험에 사인을 받으며, 나는 '이것이 첫 시작이고, 앞으로 나는 수없이 많은 고객들을 만나 보험왕의 자리에 오를 것이다'라며 각오를 다졌다. 그러기 위해서 나는 프로 중의 프로가 되어야 했다.

실력이 갖춰지지 않은 보험인을 신뢰할 고객은 그 어디에도 없다. 게다가 그렇게 잃은 신뢰를 회복하기 위해 다시 실력을 갖춰 고객을 찾아본들 고객은 나를 만나 주지 않을 것이 뻔하다. 매제는 내가 그런 실수를 하지 않도록 처음부터 깐깐하게 질문하고 따져 보아 나를 단련시키고자 했다. 비록 손아래사람이긴 했지만 나는 하나도 섭섭하지 않았다. 앞으로 고객을 만나다 보면 나보다 나이가 어린 사람들을 만날 경우도 부지기수다. 그럴 때마다 속으로 나이를 따져 가며 자존심을 먼저 챙긴다면 애초부터 성공하기란 글렀다는 생각이 들었다.

1월의 외곽순환도로 새벽 공기는 무척이나 차가웠지만 나는 자동차 창문을 모두 열고 달렸다. 해냈다는 뿌듯함보다는 아쉬움과 속상한 마음이 더 컸다. 내가 상품에 대해 더 많이 더 정확히 알았더라면 서로가 이렇게까지 힘들 이유가 없었다. 옆에서 지켜보시는 어머니의 마음을 상하게 하고, 동생 내외를 그 늦은 시간까지 붙잡아 둔 것이 너무나 미안했다. 미안함과 속상함, 아쉬움이 뒤엉킨 감정 속에서 한 가지 분명하게 떠오른 것은, 나는 아직도 많이 부족하며, 그 부족함을 채울 수 있는 것은 결국 노력밖에 없다는 생각이었다.

늦게 시동이 걸린 데다 가족 계약을 몇 건 하고 나니 더 이상 청약을 할 데가 없었다. 거기에다 변액이라 할 수 있는 투자 상품은 라이센스가 없는 관계로 상품을 판매할 수가 없어서, 나는 종신보험과 일반 연금 상품 이외는 무기라 할 수 있는 것이 그다지 없는 상황이었다. 사실 지인들을 찾아가 가입을 부탁하려 해도 뭔가 그들이 매력을 느낄 만한 좋은 상품을 많이 들고 가야 내 입장도 당당할 수가 있다. "하나만 사 주세요"라며 부탁을 하러 온 불청객이 아닌, 그들에게 필요한 좋은 상품을 소개시켜 주는 반가운 전령사가 될 수 있는 것이다.

상황이 여의치 않다고 해서 넋 놓고 앉아만 있을 수는 없었다. 종신보험과 일반 연금 상품의 판매에 총력을 기울일 밖에는 별 도리가 없었다. 나는 입사하면서 제출했던 지인 100명의 리스트를 몇 번이고 들여다봤다. 전화를 하루에도 수십 통씩 했다. 하루에 3명 만나기가 생각만큼 어렵다는 것을 뼈저리게 느꼈다.

어쩌다 통화가 되어도 바쁘다는 사람이 많았고, 심지어는 몇 번을 걸어도 연결이 되지 않는 사람들도 있었다. 사람들이 보험인이 된 나를 꺼린다는 사실은 굳이 누가 말해 주지 않아도 알 것 같았다. 어쩌다 전화가 연결된 친구에게 나는 나도 모르게 "보험회사 사람이랑 통화하려니 무섭지?"라고 말해 버렸다. 친구는 한참을 웃더니 나의 이야기를 들어 주었다. 이후로 나는 지인들에게 전화를 걸 때 먼저 "무섭죠?"라는 말로 편안한 분위기를 유도했다. "보험회사 사람을 꺼리는 당신들의 심정을 나도 충분히 이해한다"는 것을 보여 주고 싶기도 했다.

물론 그렇게 한다고 해서 전화 통화가 만나는 약속으로 이어지지는 않았다. 아직 한 달도 채 안 된 상황에서 이렇게 만날 사람이 없는데 앞으로는 어쩔 것인지 한숨만 나왔다. 하지만 포기하기는 아직 일렀다. 처음부터 잘되면 좋겠지만 그렇지 않더라도 대기만 성이라는 말처럼 열심히 하다 보면 분명 좋은 날이 올 것이기 때문이다.

나는 운 좋게 약속이 잡혀 지인을 만나게 되면 절대 대충하지 않았다. 회사에서 배운 정석대로 모든 자료들을 프로세스에 맞게 설명했다. 친구나 친척 등 지인을 통해 보험에 가입해 본 사람들이라면 누구나 "아는 사람에게 깐깐하게 묻기가 그렇더라"는 말을 한다. 궁금한 것도 많고 이해가 안 가는 부분도 많은데 충분히 설명해 주지 않으니 그냥 대충 듣고 대충 가입하게 되는 것이다. 게다가 그렇게 가입한 상품이 끝까지 유지되는 경우도 드물다. 결국 상품을 해약하며 가입자는 손해를 입게 되고, 그런 경험들이 쌓이다 보니 보험이라고 하면 절로 고개를 젓게 되는 것이다.

나는 고객이 나 자신은 물론이고 내가 소개하는 상품에도 만족하고 신뢰를 갖게 하고 싶었다. 그러기 위해서는 지인이라 할지라도 절대 대충 넘어가려 해서는 안 된다는 생각이 들었다.

"아이고, 이 정도로 하실 줄은 몰랐습니다. 정말 준비를 많이 하셨네요. 솔직히 아직은 완벽한 프로 같지는 않지만 그래도 열심히 하시는 모습에 감명받았습니다. 그리고 전혀 무섭지 않네요. 오히려 제가 몰랐던 내용을 알게 되고 준비하게 된 것 같아 고맙습니다. 그러지 않아도 보험 쪽으로 가셨다고 하시기에 우리끼리는 혹시라도 전화가 오면 어쩌나 하면서 걱정들을 하고 있었습니다. 그런데 이렇게 만나 뵙고 나니 괜한 걱정을 했습니다. 그럴 필요가 전혀 없는데 말이에요. 하루라도 늦기 전에 만나는 게 좋겠다고 소개해 드려야겠습니다."

말만 들어도 배가 불렀다. 나는 연신 고맙다는 말을 하며 고개를 숙였다.

지인들 사이에 나에 대한 좋은 소문이 도는 데에는 그리 오랜 시간이 걸리지 않았다. 덕분에 그동안 전화를 안 받던 지인들과도 통화가 되기 시작했다. 나는 그분들을 만나서도 무조건 정석대로 했다. 모든 프로세스에 의거해 제대로 설명했다. 그것이 옳다고 생각했기에 최선을 다해 철저히 준비한 후 만났다.

첫 글 마감 전날에는 한 지인이 출장을 갔다 올라오는 관계로 밤 12시에 볼 수 있다기에 기다려서 그를 만났다. 새벽 2시에 계약을 하고 헤어지면서 지인이 했던 말이 생각난다.

"대단하십니다. 그리고 보험도 없이 출장을 다녔던 것이 얼마나 무모했는지 알게 되었고, 이제 재정안정보장계획도 세웠으니까 내일부터는 가족을 생각하면서 더 열심히 일해야겠습니다."

고객이 필요로 하는 상품을 찾아 주고 가입을 도와주는 것은 나에게 비단 '수당'이라는 이름의 금전적 이득만을 주는 것이 아니다. 그들이 상품을 통해 미래의 보장을 받고 안정을 찾아가는 모습을 바라보며, 나는 마치 내 삶이 살찌는 것처럼 '보람'을 느꼈다.

그렇게 첫 달 활동을 마감했다. 젖 먹던 힘까지 다 짜낸 듯 몸도 마음도 지쳐 버렸지만 그만큼 뿌듯함도 컸다. 마감 후 실적을 리뷰해 보니 그동안 지점에서 깨지지 않았던 신입 FC의 최고 실적이 나왔다. 1년 동안을 신입으로 규정하는 회사 규정에 따라 먼저 입사한 선배들과의 실적을 비교해도 전국 40등 안에 드는 성과를 냈다. 열심히 한 것은 알고 있었지만 그 정도일 줄은 나도 몰랐다. 놀랍고 기뻐서 한동안 잠이 오지 않았다.

비빌 언덕이
없을 때의 암담함

시간이 흐르면 자동으로 이루어지는 것이 있다. 군대 제대 날짜와 봉급생활자들의 월급이 바로 그것이다. 정해져 있는 시간을 채우면 그들은 정해진 날짜에 제대를 하고 월급을 받는다. 그런데 직업을 보험으로 바꾸고 나서 큰 변화가 생겼다. 정해진 날에 정해진 돈을 받는 월급제가 아닌, 그야말로 제 능력껏 가져가는 수당제가 된 것이다. 몰랐던 바도 아니고, 오히려 그 점에 큰 매력을 느껴 이직을 결정한 것이었지만 막상 현실로 닥치고 나니 적잖이 염려스러웠다.

기본급을 보장해 주는 봉급생활자와는 달리 보험 영업은 보장되는 기본급이 없다. 그래서 보험회사의 월급은 엄격히 말해 월급이 아니라 수당인 것이다. 수당은 자신이 전월에 얼마나 성과를 올렸느냐에 따라 그 금액이 천차만별이다. 못하는 사람은 전 직장 월급만도 못하고 잘하는 사람은 전 직장 사장보다 더 많은 수당을 받는다.

내가 보험일을 시작할 당시에는 단 한 푼의 여윳돈도 없었기에 주변에서 돈을 빌려 두 달을 버텼다. 한 달은 교육을 받느라 버는 돈이 없었고, 그다음 한 달은 그 달의 수당이 다음 달에 지급되기 때문에 두 달 동안 벌어들이는 돈 없이 써 대기만 한 것이다. 그것도 남의 돈을 빌려서 말이다. 물론 첫 달의 실적이 좋아서 수당을 받아 그 돈을 모두 갚았다. 다행스러운 일이었지만 고정급이 없는 삶이 얼마나 불안한 것인지 피부로 느낄 수 있었던 처음 두 달이었다.

가족을 비롯한 친한 지인들로부터 계약을 따 내서 실적을 채웠던 첫 달이 지나자 둘째 달부터는 비빌 언덕이 없어져 버렸다. 그야말로 맨땅에 헤딩하는 심정으로 덤벼들 수밖에 없었다. 할 수 없이 그저 안면 있는 정도거나 오랫동안 연락이 뜸했던 사람들에게까지 전화를 돌려야 했다.

"나쁜 짓 하는 거 아니잖아. 나는 그분들에게 미래를 위한 안전 자산을 준비하라고 권하는 거야."

매번 파이팅을 외쳐 가며 전화를 돌렸지만, 전화가 이어질수록 내 목소리는 점점 작아졌고 어깨는 움츠러들었다.

산이 높으면 골이 깊다는 말처럼 성공도 산자락처럼 올라갈 때가 있으면 내려갈 때가 있다. 굳이 실패까지는 아니더라도, 성공으로 한 걸음씩 나아가는 도중에도 전진과 정체, 그리고 후퇴가 번갈아 오기 마련이다. 이것을 자연스러운 현상으로 받아들여야 마음의 고통이 덜하고 힘을 내어 앞으로 갈 수 있다.

하지만 당시의 나는 사람들에게서 받는 상처 때문에 많이 아파했다. 특히 본부장 시절에 알게 되었던 대리점주를 만났을 때 일은 아직도 기억이 난다. 서울에서 실적이 나오지 않아 나는 지방까지 내려가 영업을 하게 되었다. 회사를 다니던 시절, 지방의 대리점들을 관리하며 인맥을 쌓아 둔 덕에 지방에도 지인들이 조금은 있었다.

회사 다닐 때는 출장비를 받아 다녔지만 보험일을 시작하면서는 모든 게 자체 경비를 들여야만 했기에 지방으로 영업을 가는 일에는 신중해야 했다. 최대한 경비를 아끼기 위해서 좌석도 일반석으로 끊고, 도착해서도 대중교통만을 이용했다. 시간을 아끼기 위해 미리 동선까지 정해 두었다.

낮 시간에 다른 지인들을 만나느라 그에게 도착했을 땐 이미 저녁때가 되어 있었다. 오랜만에 만난 그는 처음에는 정답게 맞이하더니만 내 근황을 듣고서는 술이나 한잔 하자며 제법 고급 술집으로 나를 데리고 갔다. 나는 술값이 꽤 나올 거 같아 거절했다. 그는 자신이 사겠다며 나를 끌고 술집으로 들어갔다.

어느덧 취기가 오른 그는 대뜸 나에게 다시 이 업종으로 올 생각이 없냐고 물었다. 나는 단호하게 "그럴 생각 없다"고 말했다.

"그럼 나한테 바라는 게 뭡니까?"

그가 노골적으로 나에게 물었다. 나는 순간 오기가 발동했다. 멀리 지방까지 와서, 그것도 술자리에서 "바라는 게 뭐냐?"라는 질문을 받고 보니 "고객이 되어 주었으면 좋겠다"며 드러내 놓고 접근하게 된 것이다. 그것은 회사에서 교육받은 내용과는 완전히 동떨어진 영업 방식이었다. 사실 그곳에 도착한 후 하루 종일 지인들을 만났지만 단 한 건의 계약도 못한 상황이었기에 마음이 조급했다. 그러다 보니 일명 '들이대 영업'을 하게 되었던 것이다.

서울로 올라가는 막차 시간이 다가오자 나는 점점 더 마음이 조급해졌다. 그사이 부탁의 말을 두 번이나 더 했다. 이왕 노골적으로 부탁하는 것, 아쉬움은 남지 않게 제대로 해 보자는 생각에서였다. 하지만 소용없었다. 그는 못 들은 척했다. 내가 마지막이다 생각하고 한 번 더 부탁하니 그가 대뜸 언성을 높였다.

"못 들어 주겠습니다. 차라리 저한테 술을 사라고 하세요. 얼마든지 살 테니까. 보험이라면 진절머리가 납니다. 나는 절대 보험 들 생각 없으니 이 술이나 마시고 올라가세요."

그러고는 자리에서 일어나 밖으로 나가 버렸다. 나는 그를 붙잡기 위해 밖으로 뛰어나왔다. 그는 먼저 가겠다는 말만 남기고 택시를 타고 휑하니 떠나 버렸다.

보험에 얽힌 그의 사연이 무엇인지 알고 싶지도 않았다. 설령 내가 그 사연을 백번 이해한다손 치더라도 그날 밤 그의 행동은 나에게 상처로 남을 수밖에 없었다.

힘들고 괴로운 밤이었다. 멀리 출장을 오기 위해 들인 돈이나 시간이 아까운 것이 아니었다. 보험 영업을 한다고 해서 사람을 그렇게까지 무시할 수 있는 것인지 화가 났다. 물론 그 밤이 지나고 오랜 시간이 흐른 후 나는 그날의 내 영업 방식이 그에게 많은 부담을 주었을 것이라며 스스로 마음의 상처를 달랬다. 그가 나를 보험인이라는 이유로 무시한 것이라고 생각하고서는 도저히 힘이 나질 않았다. 그리고 그를 미워하게 되는 것도 싫었다. 그러면 보험 가입을 거부하는 모든 사람을 미워하고 원망할 것만 같았다.

올라갈 수 있는 차편이 모두 끊긴 시간이라 여관에라도 들어가야만 했다. 그런데 싫었다. 들어가도 잠을 잘 수가 없을 것 같았다. 새벽 시간이라 그런지 24시간 편의점 앞에는 인적이 드물었다. 나는 가게 앞 의자에 앉았다. 아무리 생각해 봐도 그간의 신뢰나 인간적인 정리로라도 가입해 줄 수 있는 관계인 것 같은데, 그는 보험이라면 진절머리 난다며 마지막 인정마저도 거부한 것이다. 화가 났다.

나는 당시 부지점장이었던 분에게 전화를 걸었다. 한창 깊은 잠에 취해 있을 시간인데도 그분은 내 전화를 차분히 받아 주셨다.

"사람들이 보험에 대해 이토록 거부감이 강합니까?"

"그러게 말이야. 오죽하면 우릴 보고 사람들이 보험쟁이라고 하겠나."

그분과 나는 이런저런 말들을 주고받았다.

"이 일로 절대 의욕을 잃으면 안 된다는 거 잘 알지? 힘내게."

따뜻한 위로의 말에도 불구하고 내 마음은 여전히 차디찬 바람이 스쳐 지나간 자리처럼 거칠고 쓸쓸했다.

새벽녘이라 그런지 추위를 느껴 더 이상 앉아 있을 수 없었다. 편의점 위에 있는 PC방에 들어갔다. 서울로 올라가는 첫 기차표를 알아보았다. 5시 첫차가 있었다. 기차 시간을 확인하고 메일을 열어 '기호지세騎虎之勢'라는 사자성어를 곱게 적어 나에게 메일을 보냈다.

기호지세. 달리는 호랑이의 등에 타고 있으면 중간에 내릴 수 없듯이, 일을 중도에서 그만둘 수 없는 형편을 일컫는 말이다. 나의 절박한 상황을 대변하는 말이었다. 아니, 어쩌면 내 상황은 그보다 훨씬 더 절박했다. 포기하거나 떨어지면 나만 호랑이에게 물려 죽는 것이 아니었다. 냉정하고 치열한 사회라는 곳에 사랑하는 가족을 함께 내려놓아야 했다.

출장에서 돌아온 내 모습에 지친 기색이 역력했는지 아내는 아무것도 묻지 않고 콩나물국을 끓여 주었다. 나는 아내가 끓여 준 따듯한 콩나물국을 한술 뜨고는 그대로 방에 드러누웠다. 눈물이 흘렀다. 서러운 마음이 밀려왔다. 사실 보험일을 하기로 결정한 뒤 평소 알고 지내던 선배로부터도 이와 비슷한 상처를 받은 일이 있었는데, 그 생각이 나서 서러움이 점점 더해졌다.

보험으로의 이직을 고려하며 여러 사람의 의견을 타진하던 중, 나는 한 선배를 찾아갔다. 아직 보험일에 대한 확신이 서지 않았던 때라 주변에서 이런저런 조언을 듣고 싶었던 것이다. 선배는 내 이야기를 다 듣더니 정말 대단하다며 놀라워했다. 직장에서 임원까지 했던 사람이 어떻게 다른 직업도 아닌 보험 쪽으로 이직할 생각을 했냐는 것이다.

"내가 알고 지내던 사람 몇 명도 보험 쪽으로 갔는데, 1년을 전후해서 다 그만두더군. 그만큼 쉽지 않다는 말인데, 나는 네가 아예 그 길을 안 갔으면 싶다."

한번 시작한 선배의 말은 계속 이어졌다.

"그냥 편안하게 월급쟁이 생활이나 하지 왜 갑자기 남한테 아쉬운 소리를 하면서 살아가는 보험일을 하려고 그러는지 나로서는 이해가 안 간다."

그 선배의 한마디 한마디가 내게 얼마나 많은 생각과 고민을 던져 주는지는 그리 중요하지 않았다. 어차피 허심탄회한 의견을 듣고 싶어 찾아간 것이기에 나는 계속해서 선배의 생각을 들었다. 그런데 선배의 마지막 한마디가 나의 가슴을 찔렀다.

"너 만약에 보험회사 가게 된다면 보험 가입해 달라고 나 찾아올 생각은 아예 하지도 마라. 난 어차피 보험 안 들 거니까. 난 그런 걸로 서로 입장 난처해지고 얼굴 붉히는 것 딱 싫다. 내 말 무슨 뜻인지 잘 알지?"

얼굴이 화끈거렸다. '도대체 내가 뭘 어쨌다고?'라는 생각이 들면서 시작도 하기 전에 무참히 짓밟힌 기분이 들었다. 마음의 상처가 너무 심해 한동안 보험회사로의 이직을 유보할 정도였다.

그렇게 누워 있는 동안 지나간 묵은 상처들까지 떠오르자 나는 자리에서 일어나기가 싫었다. 딱히 만날 사람도 없을뿐더러 또다시 그런 상처를 받을까 봐 사람을 만나는 것이 두려웠다. 그렇게 실적 없이 한 달을 마감하면 다음 달 수당이 없다는 사실에 마음이 편치 않았지만, 그럼에도 다시 활동을 할 용기가 나지 않았다. 어김없이 시간은 흘렀고, 그러는 사이 부진한 실적으로 그 달이 마감되었다.

깊고 간절한 마음으로
닿지 못할 곳이 없다

일이 생각보다 잘 안 풀릴 때 우리는 일상에서 벗어나 어디론가 훌훌 떠나고 싶어 한다. 지금의 상황에서 벗어나 조금은 현실의 고민을 덜 수 있기 때문이다. 장소를 바꾼다고 머릿속 고민들이 사라지거나 줄어들까마는, 여행에서 만나는 자연의 위대함 속에서 '나'는 한낱 작은 점에 불과할 뿐이라는 깨달음을 통해 짐을 조금은 내려놓게 되는 것이 아닌가 한다.

회사를 다니던 시절, 나를 짓누르던 삶의 무게를 조금은 덜 수 있을까 해서 훌쩍 여행을 떠난 적이 있다. 답답한 마음에 그냥 고속도로에 올라 강원도로 향하는 길로 접어들었다. 한참을 내달리다 '오대산'이라는 이정표가 눈에 들어와 그곳으로 향했다. 그야말로 눈길 가는 대로 발길 닿는 대로 떠나는 여행인 셈이었다.

차로 들어갈 수 있는 포장도로가 끝났지만, 나는 울퉁불퉁한 산

길을 달려 더 깊숙이 있는 '상원사'라는 절로 향했다. 이름조차 생소한 절이지만 그날은 왠지 그 절에 들르고 싶다는 생각이 들었다.

상원사는 스님들이 수양을 하는 곳으로, 일반인들의 출입이 잦으면 수양에 지장이 있을까 봐 길을 포장하지 않았다는 말을 들었다. 서울에서부터 머리와 마음이 답답했던 나로서는 오히려 잘됐다 싶었다. 번잡하게 사람 많은 절보다는 고요하게 목탁 소리만 들리는 절이 마음의 평온함을 얻어 가기에 그만이라는 생각이 들었다.

들던 대로 상원사는 인적이 드물었다. 조용히 경내를 한 바퀴 돌며 마음의 짐을 내려놓고 평상심을 찾기 위해 마음을 모았다. 하지만 역시나 쉽지 않은 일이었다. 다시 산을 내려가려고 절을 빠져나가다가 입구 왼쪽으로 보이는 '수다라'라는 불교용품 판매소에 눈길이 갔다. 그곳에선 조용히 불경이 흘러나오고 있었다. 어둑해지는 고요한 산속, 은은한 목향과 더불어 불경은 평온함을 선물해 주는 것 같았다.

수다라로 들어간 나는 이리저리 둘러보며 사 가지고 갈 만한 것이 있나 살폈다. 그러던 중 스님의 옷처럼 잿빛이 나는 바탕에 민들레 홀씨가 바람에 날려가는 그림이 그려진 다포를 발견했다. 그림의 아래에는 "깊고 간절한 마음은 닿지 못하는 곳이 없다네"라는 글귀가 적혀 있었다. 나는 망설이지 않고 그것을 집어 들었다. 늘 내 마음에 품고 가야 하는 소중한 글귀임을 알아본 것이다.

내가 아무리 이루려고 해도 이룰 수 없었고, 하려고 해도 할 수 없어 답답했던 모든 일들이 어쩌면 그 글귀처럼 내 간절함의 깊이가 얕았기 때문이 아니었을까라는 생각에 마음이 잔잔해졌고, 덕분에 산에서 내려오는 길은 올라가던 길보다 훨씬 가벼운 발걸음이었다.

지방 출장에서 지인들로부터 받은 상처로 끙끙대고 있자 아내는 바람도 쐴 겸 시골집에 다녀오자고 했다. 어머니를 뵌 지도 한 달이 훌쩍 넘은 터라 나는 겸사겸사 따라 나섰다. 한편으론 여행의 힘에 의존해서라도 이 기나긴 침체의 늪에서 빠져나오고 싶다는 마음이 간절했다.

아내가 어머니와 함께 저녁 준비로 만두를 빚는 동안 나는 마을 앞길을 거닐었다. 생각을 정리해야 했다. 포기하지 않을 거라면 어떻게든 다시 힘을 내고 시작해야 했다. 사람들에게서 받은 상처와는 별개로, 받을 수당이 없어 한 달 동안 생활이 막막하다는 현실의 고통에 직면한 이상, 힘을 낼 수밖에 별 도리가 없었다. 하지만 마음과는 달리 빈주머니를 내려다보는 내 눈은 처량하기 그지없었다.

고객과의 청약과 승낙된 계약의 CLOSING만이 다음 달 생활비인 COST를 해결할 수 있는 유일한 생존 법칙인데, CLOSING이 없으니 당연히 COST도 없는 것이었다. 보험회사로 온 사람들 중에 1년 안에 나가는 사람들이 그렇게 많은 것이 이런 이유에서다. 실적이 나오지 않으니 수당이 안 나오고, 생활이 되지 않으니 제아무리 마음이 굳세어도 버틸 재간이 없는 것이다.

동네 언덕에 앉아 지는 저녁노을을 바라보자니 한숨이 절로 나왔다. 어렵사리 아내를 설득해 가며 보험인의 길을 걷게 되었는데, 불과 몇 달 만에 현실이 이 모양이 되었나, 하는 생각에 나 자신이 한심했다. 사실 그즈음 생활비가 없어 직장 다닐 때 가입했던 보험을 해약해서 생활비로 쓰고 있었다. 혹시라도 일어날지 모르는 재해나 사고에 대비해 보험에 가입해야 한다며 고객을 설득하고 다니는 보험인이 자신의 보험을 헐어 생활비로 쓰고 있는 현실이 너무나 기가 막혔다.

사람들이 보험인을 꺼린다지만 그것은 나의 못난 핑계였다. 나의 부진이 계속되는 동안에도 다른 동료들의 실적은 꾸준히 올라가고 있었으니 말이다. 나는 다른 동료들의 실적이 게시판에 붙는 것을 보면서 '어디서 저렇게 잘해 올까? 모두가 나 같지는 않은가 보구나'라는 부러움의 눈길만 보냈지, 문제를 직시하거나 그 문제를 어떻게 해결할 것인가에 대한 깊은 고민은 하지 않았다.

사실상 이 모든 것이 나 개인의 문제였고, 그것을 해결할 열쇠를 쥐고 있는 것도 나였다. 돌이켜 생각해 보면 당시의 나는 고통 속을 헤매느라 그것을 빠져나와야 한다는 간절함이 부족했던 것 같다. "승자는 구름 위의 태양을 보고 패자는 구름 속의 비를 본다"던 J. F. 케네디의 말처럼 나는 구름 속의 비만 쳐다보며 불평과 불만만 키우고 있었던 것이다.

시골에서 올라온 다음 날, 아내가 많이 아팠다. 몇 시간씩 같은 자세로 만두를 빚은 탓에 어깨와 팔에 무리가 온 것이다. 나중에 알게 되었는데 오십견 초기 증상이었다. 아내는 자다가 고통이 너무

심한지 울기 시작했다. 나는 아침 일찍 병원에 가 보자고 했다. 그런데 아내는 아이들을 학교 보내야 하기에 그럴 시간이 없다며 일단은 참아 보겠다고 했다. 낮에 회사에 앉아 생각해 보니 모든 것이 내 탓인 것 같았다. 실적을 많이 올리지는 못하더라도 최소한의 생활비는 벌어다 줘야 하는데, 그걸 못하고 있으니 아내가 아픈 것 같다는 생각이 들었다.

나는 평소보다 조금 일찍 퇴근했다. 아내는 낮에 근처 약국에서 파스를 사다 붙였다며 식탁에서 아이들 저녁 해 먹일 걱정을 하고 있었다. 지금껏 한 번도 부엌일을 도와달라고 말하지 않았던 아내가 그날은 많이 힘든지 도와달라고 했다. 냉장고가 텅 빈 관계로 나는 시골에서 얻어 온 밑반찬 몇 개만 꺼내 아이들 저녁을 챙겨 주었다. 없는 찬에도 맛있게 밥을 먹는 아이들을 보니 서글픈 눈물이 흘렀다.

아내는 그날 밤에도 잠을 제대로 자지 못하고 신음을 했다. 새벽에는 도저히 참을 수 없는지 병원에 데려다 달라고 나를 깨웠다. 아이들은 잠자고 있었고 어떻게 해야 할지 몰랐다. 나는 일단 큰아이를 깨워 엄마가 아파서 병원에 가니까 알고 있으라고 말해 주었다. 혹시라도 자다 깨어 엄마 아빠가 없는 것을 보고 놀랄까 봐 염려가 된 것이다.

병원 응급실로 향하는 동안 통증이 더 심해 겼는지 아내는 많이 괴로워했다. 병원에 도착해서 응급치료를 받았다. 진통제를 맞고 나자 얼마 후 아내는 괜찮아졌다고 했다. 외래 진료를 예약하고 다시 집으로 향했다. 그런데 집에 거의 다 왔을 때쯤 이번에는 내 몸에 이상이 왔다. 운전을 하는데 오른쪽 옆구리에서 참을 수 없는 통증이 시작되었다. 아내가 아파 신경을 많이 쓰다 보니 나도 덩달아 아픈가 보다 생각하고 일단 집으로 들어갔다. 그런데 시간이 지나면 지날수록 통증은 더욱 심해졌다.

너무나 기막힌 일이지만 이제는 반대로 내가 아내를 깨웠다. 운전을 할 수 있는 상황이 안 되다 보니 아내가 운전을 할 수밖에 없었다. 아내의 도움으로 응급실에 도착하니 간호사와 의사들이 눈을 동그랗게 뜨고는 "왜 다시 왔냐?"며 의아해 했다.

"이번에는 제가 아픈 것 같습니다."

검사 결과 요로결석이었다. 통증이 너무 심하다 보니 일반 진통제가 들지 않아 모르핀이라는 마약계 진통제까지 투여하게 되었다. 고통이 조금은 수그러드는 것 같았다.

어느새 아침이 되었다. 아이들 걱정에 병원에 더 이상 있을 수가 없었다. 나는 양해를 구하고 응급치료만 받은 후 집으로 왔다. 아이들을 학교에 보내고 나서 2년 전에 요로결석을 깼던 병원에 찾아갔다. 요로결석은 관리를 못 하면 2년 내에 재발한다고 하더니만 한동안 관리를 못 했던 탓에 그만 재발하고 만 것이다. 40여 분에 걸쳐 체외충격파에 의한 파쇄술을 했다. 극심한 고통이었다. 그나마 다행인 것은 파쇄술로 가능한 크기였으니 망정이지 돌이 더 큰 것이었다면 수술을 했어야 했다. 몸의 고통도 고통이지만, 만약 일이 그렇게 되었다면 돈은 또 얼마나 나갈 것이며, 회사는 또 얼마나 쉬어야 하는 것인지를 생각하니 아찔해졌다.

이틀이 지나고 몸에서 돌가루가 어느 정도 나온 것 같았다. 그래도 워낙 통증이 심했기에 움직이기가 힘들었다. 아이들을 학교에 보내고 낮에 아내와 서로 마주보며 누워 있는데 그렇게 서글플 수가 없었다. 아내가 어렵게 말을 꺼냈다.

"이렇게 부부가 누워 있으니까 좋기보다는 슬프네. 당신이나 나나 둘 다 아파서 제대로 아이들을 돌봐 주지도 못하고, 생활비는 없고, 모든 게 너무 슬퍼. 당신한테 이런 말 하면 미안하지만 그래도 당신이 파이팅해주면 안 될까? 우리가 믿을 사람은 당신밖에 없는데 당신이 힘들어하면 우린 누굴 보고 살지?"

그랬다. 나는 가장이었다. 가족들의 희망이었다. 아프다고 철퍽 드러누워 쉴 만큼 여유가 있지 않았다. 아내와 아이들에게 미안했다. 나는 아무 말 없이 자리에서 일어나 세면장으로 갔다. 그리고 출근 준비를 했다. 살아야 했다. 어떻게든 털고 일어나 살아야만 했다.

그날 출근길에 회사 근처 빌딩에서 몇 명의 사람이 로프를 타고 유리창을 닦는 모습을 보았다. 그들은 밧줄 하나에 목숨을 걸고 생계를 해결하기 위해 유리창을 닦고 있는 것이었다. 어느 누구도 취미나 운동으로 그런 일을 하지는 않는다. 그들은 살기 위해, 가족을 책임지기 위해 공중에 매달려 그렇게 유리창을 닦고 있었다.

아슬아슬해 보이는 그들의 모습이 어떤 이유에서인지 지금의 나보다는 훨씬 강해 보였다. 마지막 희망과도 같은 가느다란 밧줄을 붙잡으며 그들은 진정으로 열심히 살고 있었다. 그런데 나는 뭔가. 나는 평지에서 편안한 길을 걸으면서도 삶에 괴로워하고 있었다. 나 자신이 한심해 보였다.

"깊고 간절한 마음은 닿지 못하는 곳이 없다네"라던 글귀가 떠올랐다. 내 마음이 더 깊이 간절해져야만 내가 바라는 그곳에 닿을 수 있다는 생각이 들었다. 온전치 않은 몸을 이끌고 나온 탓에 발걸음을 내딛을 때마다 고통이 온몸으로 전해져 왔지만 더 이상 그것은 중요하지 않았다. 어서 사무실로 가서 사람들에게 열심히 전화를 돌리리라. 그들이 나를 싫어하든 좋아하든 그것이 내 일이고, 내 가족을 이 불행에서 건져 낼 유일한 방법이니 말이다.

보는 것을 믿는 사람과
믿는 것을 보는 사람

"그분이 돈은 좀 있는데 워낙 보험을 믿지 않아서 말이야. 어쨌건 내가 연락해 두었으니 한번 찾아가 봐."

슬럼프를 극복하기 위해 노력하는 내 모습에 지인이 그의 지인을 다시 소개해 주는 일들이 생겼다. 이는 계약의 성사 여부를 떠나 소개해 주는 분에게 감사하고 또 감사한 일이 아닐 수 없다. 지인의 소개로 만나게 된 분은 65세 되는 여성분이었다. 그런데 그분은 정말 보험에 대한 불신이 커 보였다. 눈으로 보지 못하는 것을 어떻게 믿을 수 있느냐는 말씀까지 하셨다.

보험일이 힘든 이유 중 하나가 이처럼 형태도 맛도 향기도 없는 무형의 상품을 판매한다는 점이다. 사실 눈에 보이는 것을 직접 만져도 보고 이것저것 따져 가며 구입해도 불안한 세상에서 보이지 않는 것에 돈을 들인다는 것은 꺼려질 수밖에 없는 일이다.

아파트를 분양할 때도, 자동차를 판매할 때도, 하다 못해 점심한 그릇을 팔기 위해서도 사람들은 보이는 것에 신경을 많이 쓴다. 성능이나 맛은 차후의 문제이고 일단은 시선을 사로잡는 데 성공해야 성능도 보여 주고 맛도 보여 줄 수 있으니 말이다. 그런데 보험은 겉으로 보이는 것이 없으니 이미지를 연상시켜 주는 방법 외에는 별 도리가 없다. 큰 질병에 걸렸을 때 보험으로 치료비와 입원비를 가뿐히 해결하는 모습, 나이가 들어 수입이 없을 때 매달 나오는 연금으로 생활비는 물론이고 취미 생활까지 즐기며 편안히 노년을 보내는 모습, 만에 하나 자신이 죽게 되었을 때 가족들이 보험금을 받아 좀 더 편안하게 사는 모습 등 보험의 다양한 혜택에 대해 설명해 주는 것이다.

하지만 이 역시 몇 번의 접촉 끝에 미팅 약속이 잡힌 사람에게나 가능한 일이다. 대부분의 사람들은 안정된 미래를 꿈꾸면서도 그것을 위해 적극적으로 보험 상품을 탐색하는 일에는 주저한다. 때문에 이런 이미지 연상은 대부분 시도조차 하지 못한 채 거절을 당하고 만다. 시간과 돈을 들여 가며 제 발로 알아서 찾아오는 모델하우스나 자동차 전시장, 유명한 맛집과 비교할 때 참으로 안타까운 현상이다.

사실상 진정으로 가치 있는 것들은 만질 수도 볼 수도 없는 무형의 것들인 경우가 많다. 안정된 미래, 가족의 행복, 사랑, 건강 등 소중한 것은 모델하우스처럼 화려하지도, 고급 승용차처럼 멋지지도, 맛집의 음식처럼 맛있지도 않다. 하지만 그것을 잃어 본 사람들은 안다. 무형의 가치들은 유형의 것들이 주는 일시적 만족감보다 훨씬 더 소중하고 오래간다는 것을.

무형의 서비스를 판매하는 것에 대한 불신은 연세가 많은 분들일수록 더 깊다. 아마도 그분들이 살아오시는 동안 그런 것을 접해 본 적이 별로 없어서 그럴 것이다.

"하도 만나 보라기에 어쩔 수 없이 이렇게 보게 되네."

어르신은 그렇게 나에게 첫인사를 건네셨다. 그분은 역술가셨고, 서른 살을 훌쩍 넘긴 무남독녀 외동딸은 어머니를 도와 집안일을 하고 있었다. 해와 달의 운행과 사람의 운명 사이의 관계를 예측하는 역술가라 그런지 그 어르신은 내가 자리에 앉기도 전에 "보험 필요 없는데 괜한 고생한다"며 어쨌건 온 걸음이니 할 말 있으면 한번 해보라 하셨다. 집안의 상황과 필요한 것이 어떤 것인지 전혀 파악이 안 된 상태에서 대뜸 설명부터 하라고 하시기에 나는 적잖이 당황했다.

사실 그분을 만나러 오기 전에 소개해 준 지인에게 그분에 대한 정보를 물었으나 돈이 많은 것 외엔 특별한 정보가 없다고 했다. 돈이 많고 적고를 떠나 가정에 필요한 재무 상담을 하는 나로서는 몇 가지 꼭 필요한 정보들이 있었다. 하지만 그분은 그냥 묵묵부답인 채로 나에게 무슨 말이든 보험에 대해 먼저 이야기를 꺼내 보라고 하셨다.

무슨 말을 먼저 해야 하나 고민하던 차에 마침 딸이 마실 것을 가지고 왔고, 그 어머니가 딸에 대한 말을 먼저 던졌다.

"쯧쯧, 걱정이군, 걱정이야."

나는 무엇이 그리도 걱정이시냐고 여쭈었다. 대답을 듣고자 한 질문이었는데 오히려 그분은 보험 필요 없으니까 할 말만 하고 돌아가라고 다시 엄포를 놓으셨다.

"어머님께서 언제까지 따님과 함께 사실 거라 생각하십니까?"

나는 다시 그분에게 질문을 이었다. 딸에 대한 그 어머니의 사랑이 하도 지극해 보여, 사랑이란 그렇게 곁에 두고 보살펴 주는 것만은 아님을 말씀 드리기 위해 꺼낸 질문이었다. 그분은 내 말에 한숨을 크게 내쉬시며, "세상에 믿을 놈 하나 없다, 딸을 시집 보내야 하는데도 그러지도 못하고 있다, 또 하루 종일 집에 있다 보니 사실상 남자 만날 기회도 없다"고 하셨다. 그러면서 딸의 결혼은 물론이고 당신이 돌아가신 이후 대체 어떻게 먹고살지가 걱정이라며 한숨을 내쉬셨다. 그리고 남편 되시는 분은 딸을 태어난 후 젊어서 바람이 나 다른 여자와 20여 년을 살다가 얼마 전 병든 몸이 되어 다시 집으로 돌아왔다는 이야기도 하셨다. 그러나 그분은 어찌해야 할지 나에게 방법을 묻기보다는 그저 신세 한탄만 하셨다.

가까운 곳에 당신 명의로 작은 건물이 있어 월세가 나오기는 하지만, 그 모든 것이 자신이 이 세상에서 사라지면 물거품이 될 거라며 딸이 대한 걱정에 여념이 없었다. 나는 어쩌면 그분이 본 역술에 딸의 고달픈 인생이 나온 것인지도 모른다며 그분의 입장을 이해하려 애썼다.

"그렇다면 따님의 미래에 대한 안전장치를 만들어 두는 것이 어떨까 합니다. 경제적으로 안정적인 시스템을 만들어 두면 어머님 사후에도 따님이 그것을 가지고 잘 살아갈 수 있지 않겠습니까?"

나는 우선 어머니 명의로 되어 있는 건물을 딸의 명의로 증여하고, 매달 나오는 월세를 가지고 딸의 이름으로 연금에 가입하면 상속세를 걱정 안 해도 되고, 연금통장이 만기가 된 후 일정 기간 거치해 두면 딸이 종신토록 연금을 받아 노후까지 편안하게 생활할 수 있다고 설명 드렸다. 게다가 연금을 모두 불입한 이후에는 월세까지도 함께 생활비로 쓸 수 있으니 더욱 넉넉해질 것이라고 말씀 드렸다.

"연금이 만기가 된 이후에도 건물은 건물대로 계속해서 월세가 나오니 얼마나 좋습니까?"

나는 최선의 방법에 대해 설명해 드렸지만 어머니의 대답은 의외로 간단했다. "그걸 어떻게 믿느냐?"는 것이다. "누군가가 대신해서 증여해 준다고 서류를 가지고 가서 돌려주지 않을 수도 있고, 여자 혼자 살면서 연금을 받는다 하면 남들이 해칠 수도 있는데 그걸 어떻게 믿느냐?"는 말씀이었다. 나는 변호사며 세무사 등이 그런 업무를 진행하면 된다고, 믿을 만한 사람을 추천해 주겠다고 말했지만, 어머니는 다시 고개를 내저으셨다.

"변호사나 세무사처럼 배운 사람이 더 무서운 세상이야."

그 어르신은 세상에 대한 벽을 너무나 높게 쌓아 두고 계셨다.

"나는 내 눈앞에 딱 보이는 것이 아니면 절대 안 믿어."

눈에 보이지 않는 과거를 보고 미래를 예측한다는 점술가의 입에서 나올 말은 아닌 것 같아 나는 당돌하게도 역술에 대해 물었다.

"어머님, 그러면 여기에 점 보러 오는 사람들은 어머님의 말씀을 믿어야 하나요, 믿지 말아야 하나요?"

이번에도 그분의 대답은 간단했다. 그것은 서로 다르다는 것이다. 자신이 말하는 역술과 세상일은 그 차원이 다른 것이니 서로 비교하지 말라는 어르신 앞에서 나는 더 이상 그 말의 옳고 그름을 따지지 않았다. 대신 우리나라 금융 관련법과 변호사 등을 얼마나 신뢰할 수 있는지 설명 드렸다.

"자네가 무슨 말을 하든지 간에 나는 눈에 보이지 않는 곳에다 돈을 둘 수는 없네."

어떤 상품이 왜 좋은지 상품에 대한 설명은 한마디도 하지 못한 채 나는 두 시간이 넘도록 그분과 유형과 무형의 것에 대한 신뢰에 관해 실랑이를 해야 했다.

"안녕히 계십시오. 만약 생각이 달라지시면 저에게 다시 한 번 연락을 주십시오."

아무리 설명을 해도 받아들일 생각이 없으신 분을 붙잡고 기운을 뺀다는 것은 그분이나 나나 서로에게 힘든 일이었다. 나는 그만 포기하고 자리에서 일어났다. 그때 안방 문이 열리고 남편 되는 어르신이 나오셨다. 문틈 사이로 안방에 놓인 커다란 금고가 보였다. 눈에 보이는 것만 믿을 수 있다는 그분의 말처럼 금고는 떡하니 안방을 차지하며 그분의 눈을 만족시켜 주고 있었다.

사무실로 돌아오며 나는 한 가지 의구심이 들었다. 눈에 보이지 않는 것은 믿을 수 없다며 은행도 보험도 멀리하고, 늘 가까이서 만질 수 있고 볼 수 있도록 금고 안에 돈을 넣어 두고도 그분은 왜 그것을 잃게 될까 염려했을까. 어쩌면 그분은 눈에 보이는 것, 심지어 손에 꼭 쥔 것조차 쉽게 잃을 수 있다는 것을 누구보다도 잘 알고 있었을 것이다.

보는 것만 믿는 사람은 자신이 본 것 이상을 절대 가질 수 없다. 하지만 믿는 것을 보는 눈을 가진 사람은 그가 믿는 모든 것을 가질 수 있다. 어떤 일을 하든, 심지어 자신의 미래나 가족의 미래까지도 그들은 믿는 것을 이루기 위해 온 힘을 다해 노력하기 때문이다.

가족, 그 이름으로
성공할 수 있었다

일찍부터 가족과 떨어져 홀로 생활해서인지 나는 가족에 대한 애정이 남다르다. 더군다나 사랑하는 큰형을 잃고 난 후로는 가족들이 다치거나 아픈 것조차 애가 탄다. 결혼을 하고 아내가 생기고 아이들이 생기니 그 애타는 마음은 더욱 절절해졌다.

가족! 가족은 이처럼 나에게 내 목숨보다도 더 소중한 존재인 동시에 나와 고객들이 만나는 접점이기도 하다. 나는 그들이 가족을 더 많이 사랑하고 더 많이 위할 수 있는 가장 현명한 방법을 그들에게 소개한다. 그러면 그들은 더욱 열심히 일하고, 조금 더 아끼고 절약하여 가족을 위한 미래를 준비하는 일에 기꺼이 동참한다.

보기에도 아찔한 암벽에서 가느다란 줄 하나에 의지해 두 사람이 매달려 있다면 어떤 심정일까? 아마도 우리는 서로 먼저 살기 위해 더 힘껏 줄을 움켜쥘지도 모른다. 그런데 그 줄을 함께 붙잡은 이가 내 가족이라면 어떨까? 그를 위해 기꺼이 내 손을 놓을 수 있는 것, 그것이 가족이다.

생명체가 살 수 없는 수직 한계점이란 의미의 〈버티칼 리미트 Vertical Limit〉(2000)라는 마틴 캠벨 감독의 영화는 이런 절체절명의 순간에 드러나는 가족 간의 애타는 사랑을 잘 보여 준다.

세계 최고의 산악인 로이스는 어느 날 아들 피터와 딸 애니, 그리고 자신의 대원들과 함께 암벽 등반을 하게 된다. 오빠와 아빠가 캠을 더 박아야 한다고 말하는데도 딸 애니는 자신을 아직도 15살 어린애로만 취급한다며 캠을 하나만 박고 자일에 매달린다. 그때 위에 오르던 아빠가 애니에게 "두 개의 캠은 안전, 그리고 세 개의 캠은 더 안전!"이라고 말하지만 애니는 괜찮다며 그 말을 무시한다.

잠시 후 한 대원이 실수로 추락하게 되고, 팀 모두가 제일 아래쪽에 있던 애니의 자일에 매달리게 된다. 떨어지면 죽는 엄청난 높이에서 대원들은 살기 위해 발버둥을 치다 그만 절벽 아래로 떨어지고 만다. 그사이 마지막 남은 하나의 캠은 인장력의 한계점에 도달했는지 빠지려 한다. 삶과 죽음을 결정짓는 순간, 아빠 로이스는 침착한 어조로 아들 피터에게 자신에게 묶인 자일을 자르라고 마지막 부탁을 한다.

"끊어. 안 그러면 너희들 둘 다 죽어. 피터, 누구도 널 비난하지 않아."

잠시 후 화면에는 아빠 로이스가 절벽 아래로 떨어지는 장면이 나온다. 하지만 그 얼굴에는 평온함이 흐른다.

아마도 세상 모든 부모의 마음이 로이스와 같을 것이다. 저 멀리 절벽 아래로 추락하면서도 그것이 가족을 위한 일이라면 마음만큼 은 그 어느 때보다도 평온할 수 있을 테니 말이다.

언젠가 뭐에 물렸는지 무릎 쪽에 고름이 차서 병원에서 수술을 받은 적이 있었다. 수술 통증으로 아파할 때 시골에서 올라오신 어 머니께서 "대신 아파주고 싶어도 그럴 수 없으니 어떻게 하냐" 하 시면서 하염없이 우시던 기억이 난다. 당시로는 어머니의 애끓는 그 마음을 반도 이해하지 못했지만, 부모가 되고 아이들을 키우면 서 그제야 나는 어머니의 사랑을 알게 되었다. 오죽하면 남의 집 아 이들이 노는 것만 봐도 내 아이들 생각이 나서 입가에 미소가 절로 나오고, 남의 집 아이가 아파도 내 아이가 아픈 것처럼 안쓰럽고 속 이 상할까.

어느 때부터인지 나는 텔레비전에서 아픈 아이들이 나오면 보지 를 못했다. 마음이 너무 아파서이다. 그저 ARS 전화 버튼을 누르는 것으로 그 장면을 넘어간다. 물론 완쾌해서 건강하게 잘 지내 주길 바라는 아빠의 기도도 함께 보낸다.

사실 아내와 나는 결혼을 하고 한참 동안 아이가 생기지 않아 마 음고생을 해야 했다. 아이들을 무척 좋아하는 나로서는 결혼과 동 시에 아기를 갖고 싶었고, 아내 역시 여기에 동의했다. 큰 키에 마 른 체형인 아내는 결혼 후 1년이 넘어도 임신이 되지 않는 것에 스트레스를 많이 받았다. 나는 괜찮다며 아내를 달래도 보았으나 그럴 때마다 미안하다는 말을 수없이 했다. 내가 아이를 기다리는 마음이 너무 커 아내가 부담을 가지는 것이 아닌가라는 생각에 나는 애써 태연한 척했다.

무심히 흐르는 시간에 애만 태우던 우리는 당시 우리나라에서 불임 클리닉으로 가장 유명한 어느 산부인과 병원을 찾았다. 우리가 다니던 불임 클리닉의 맞은편에는 산모와 신생아가 입원하는 병동이 있었다. 매번 불임 클리닉 문을 나설 때면 아내는 혼잣말처럼 길 건너편에 가고 싶다는 말을 했다. 나는 "잘되겠지"라며 아내의 등을 토닥였고, 그렇게 6개월 동안 불임 클리닉을 다녔다.

그 시절, 직장 내에 영업 관리 파트를 맡은 여성 상사분이 계셨는데, 시집 가서 아이를 못 낳는다고 시부모에게 강제로 이혼을 당하는 아픔을 가진 분이었다. 그분은 나에게 "부모님이 뭐라 해도 아내를 감싸 주는 남편이 되었으면 좋겠다"며 조언해 주셨다. 나는 아이 못지않게 소중한 사람이 아내라며 그렇게 하겠노라 고개를 끄덕였다.

의사는 일단 복강경 검사를 해보고, 그러고도 길을 못 찾으면 최후의 방법으로 시험관 아기를 갖는 방법을 제안했다. 영업 관리 과장님과 점심 식사를 같이하면서 그 말씀을 드렸더니 그분은 "마침 연말 재고조사를 강릉에서 해야 하니 아내를 데리고 강릉에 다녀오라"고 하셨다.

3만 원의 출장비가 지급되었다. 나는 아내에게 바람도 쏘여줄 겸

해서 함께 출발했다. 가는 길에 눈이 많이 내려 우리는 소사 휴게소에 잠시 들렀다. 저 멀리 눈 쌓인 산을 바라보던 아내가 갑자기 눈물을 훔쳤다.

"우리에게도 이쁜 천사 같은 아기가 오겠지?"

"그럼, 당연하지. 그런데 그놈이 나처럼 머리가 커서 머리 무게 때문에 신발 신는 데 시간이 좀 걸리는 것뿐이야."

나는 귀하고 소중한 아이가 우리에게 오려고 시간이 더 오래 걸리는 것이라며 아내를 위로했다.

나를 보험인으로 이끌어 준 선배 부부가 당시 고향인 강릉에서 지내고 있었는데, 우리는 회사일을 마무리 지은 후 선배 부부를 만나 저녁 식사를 함께했다. 아이가 생기지 않는 우리의 사정을 알고 있던 선배는 "취기가 있어야 아들을 낳을 수 있다"며 술을 한잔 권했다. 선배가 건네준 술 한잔 덕분인지 그날 밤 우리는 정말 귀하디 귀한 아이를 선물 받았다. 이것은 선배 부부에게 두고두고 감사할 일이다.

임신 5개월 때 조산기가 있어 잠시 고생을 하긴 했지만 아이는 엄마 배속에서 건강하게 잘 자라 주었다. 아이가 태어나던 날, 그토록 간절히 기다리던 아이라 그런지 아이를 두 손에 받아들며 나는 감격의 눈물을 흘렸다.

"너처럼 예쁜 아가를 보려고 우리가 이리도 애를 태웠나 보다."

나는 아이의 볼에 입을 맞추었다.

아이를 간절히 기다리며 마음 졸였던 시간들은 이후 보험일을 할 때 고객들을 더 깊이 이해하는 데 많은 도움이 되었다. 어느 날 고객과 만나 이야기를 나누던 중 그분은 임신이 안 되어 속상하다며 한숨을 내쉬었다. 결혼을 늦게 하신 데다 남편분이 연하다 보니 아이에 대해 더욱 마음이 쓰이는 모양이었다. 나는 아이가 생기지 않아 마음을 졸여야 했던 그 시절의 이야기를 들려주며, 아이는 하늘이 내리는 것이니 힘을 내고 기다리다 보면 반드시 생길 것이라며 위로해 주었다. 그분은 자기에게도 우리 부부와 같은 행운이 왔으면 좋겠다며 웃었다. 걱정과 슬픔만이 넘치던 그분의 얼굴에서 옅으나마 희망의 빛이 보이는 것 같아 마음이 좋았다.

"종신보험 하나 권해 주세요."

그런데 그분은 갑자기 생각지도 않았던 종신보험 이야기를 꺼내셨다. 평소 종신보험에 대해 관심 있게 알아보던 중이었는데, 기왕이면 나한테 가입하고 싶다는 것이었다. 비록 아직은 잉태조차 되지 않은 아이지만 언젠가는 자신에게로 올 것을 믿기에 아이를 위해 미리 준비해 두고 싶다는 말씀도 하셨다.

당시 38세였던 그분은 나이가 있다 보니 임신이 쉽게 되지는 않았다. 중간에 안 좋은 일도 있어 중절수술을 한 적도 있었다. 나는 수술비며 입원비를 지급해 드릴 때마다 용기를 잃지 말자고 말씀드렸다.

어려움 끝에 그 분은 임신에 성공했고, 출산 예정달에 전화가 걸려 왔다.

"제가 내일이 출산일인데 무사히 아이를 낳을 수 있도록 기도해 주시겠어요?"

"축하드립니다. 기꺼이 그렇게 해 드리겠습니다"

이튿날 그분은 마흔이라는 나이에도 불구하고 건강한 아이를 순산했다. 남편이 외아들이었기에 집안의 대를 잇고 싶은 마음이 간절했는데, 그런 간절함이 하늘에 닿았는지 아들을 출산하는 경사가 일어난 것이다.

나는 제일 예쁜 꽃바구니를 준비했다. 병원을 바로 방문하는 것은 실례인 데다 병실에 꽃을 들여 놓을 수도 없었지만, 나는 무조건 그분을 축하해 드리고 싶었다. 나는 그분처럼 아주 화사한 꽃바구니를 들고 병실로 찾아갔다.

"고마워요. FC님도 어렵게 얻은 첫아이가 아들이라고 하시기에 저도 그러고 싶다 했는데, 정말 이렇게 아들을 낳았네요."

"저도 고맙습니다."

우리 부부의 경험담을 들려주며 힘내라는 격려의 말을 전했던 것뿐인데, 이렇게 아들을 순산하고 게다가 나한테까지 감사의 말을 해 오니 나 역시 크게 감사할 일이었다. 그분의 아이는 지금도 여전히 무럭무럭 잘 크고 있다. 앞으로도 쭉 건강하게 자라 세상에 도움이 되는 훌륭한 사람이 되길 바란다.

나만의 맞춤형
목표를 세워라

성공한 사람들의 특징 중 하나가 새벽 일찍 하루를 시작하는 것이라 한다. 심지어는 새벽 3시에 일어나 운동을 하고 책을 읽는 등 시간을 효율적으로 보내는 사람도 있다고 한다. 그런데 지인 중 한 분이 새벽형 인간에 도전하느라 새벽 5시에 알람을 맞춰 두고 일어났는데, 그렇게 일주일을 생활하니 눈 밑에 진한 다크서클이 생기더란다. 점심만 먹고 나면 졸음이 쏟아져 업무에 집중하기가 힘들어지고, 퇴근 후면 늘 집에서 하던 저녁 공부도 그 시간이 반으로 줄어들었다고 한다. 그분은 새벽에 두 시간 정도를 더 활용하기 위해 치르는 대가치고는 꽤 큰 것 같다며 웃었다.

제아무리 훌륭한 성공 전략도 그것이 나와 맞지 않다면 과감하게 버릴 줄도 알아야 한다. 그러고는 나에게 가장 잘 맞는 맞춤형 전략을 짜는 것이 좋다. 공부만 하더라도 온갖 비법들이 사람들의 입에 오르내리지만, 결국엔 자신과 맞지 않으면 실패할 확률이 높듯이 일도 자신만의 비법을 만들어 실천하는 것이 가장 성공할 확률이 높다.

나는 보험의 성공 전략으로 통하는 '3W'가 의외로 나와 맞지 않는다는 것을 깨닫고는 과감히 그것을 포기했다. 하루 3명의 고객을 만나 매주 3건씩 영업을 하는 것이 나의 영업 스타일과는 전혀 맞지 않았던 것이다. 그래서 영업을 시작한 첫 해 3W를 31주 동안 하고 그만두었다. 그러고는 나만의 성공 전략을 다시 수립하기로 마음먹었다. 물론 성공한 보험설계사분들 중에는 일주일에 3건의 계약 성사를 꽤 오랫동안 하고 있는 분들도 있다. 아마도 그분들에게는 그것이 아주 적합한 성공 전략일지도 모른다.

3W를 전략으로 실행하던 때에 나는 그것을 성사시키기 위해 정신없이 삶의 가속페달을 밟아야 했다. 그러는 동안 나는 몸도 마음도 많이 지쳤다. 많은 사람들을 만나야 했으므로 몸이 힘든 것은 당연한 일이고, 일주일에 3건의 계약을 성사시켜야 한다는 부담감은 마음마저도 힘들게 했다. 물론 몸과 마음이 힘들다는 이유로 그것을 그만둔 것은 아니다. 그 과정에서 나는 전혀 내 스타일이 아닌 영업을 해야 했다. 더 많은 정보를 연구하고 고객에게 전하고자 하던 나의 초심은 온데간데없고 무조건 들이대고 보자는 영업을 하고 있었던 것이다.

그나마 주초에 실적이 있으면 그 주는 행복하기도 했다. 한 주의 목표 달성을 했기 때문에 남은 시간 동안 공부도 하고 고객들을 위한 시간도 가질 수 있기 때문이다. 그런데 새로운 주가 되면 또다시 심리적 부담으로 스트레스를 느꼈다. 제대로 된 설명과 상품에 대한 고객의 가입 의사가 있어야만 비로소 계약이 성사될 수 있음에도 불구하고, 나는 또 실적을 위해 고객에게 무리한 소개 및 계약을 요청하는 일이 생겼다. 나는 그런 내 모습이 싫었다. 아무리 성공도 중요하지만 "이건 아니다"라는 생각이 들었다.

또한 신규 고객을 맞이하고 나면 고객관리 프로그램에 의해 고객의 정보 사항을 입력해 관리해야 하는데, 고객관리 프로그램과 관리도 없이 신규 계약만 쫓아다니게 되었다. 한마디로 고객관리 시스템의 부재였다. 잡은 물고기에게는 더 이상 먹이를 안 준다는 식의 관리를 하다 보니 계약 이후 고객들이 지인을 소개해 줄 리 만무했다. 상황이 이러하니 나는 오로지 기존의 지인들 중에서 또 가망고객을 찾아 헤맬 수밖에 없었다. 지인 시장이라는 데서 100여 건의 계약을 한 것만도 대단하다는 말들을 했으나, 정작 당사자인 나는 사과창고에서 사과를 야금야금 빼먹기만 했지 소개라는 새로운 고객 창출이 없었기에 32주를 한계로 3W를 포기해야만 했다.

사실상 나는 보험일을 시작하며 롱런하는 사람이 되고 싶었다. 조금 느리게 가더라도 제대로 가다 보면 롱런하는 사람이 될 수 있다고 믿었다. 조용하면서도 편안하게 음악을 들으면서 여행을 떠나듯이 그렇게 고객과 함께 가고 싶다는 생각이 강했다.

물론 고객들에겐 최선을 다하고 싶었다. 충분한 공부와 연구를 통해 맞춤설계를 해 주고 싶었고, 굳이 보험에 관련된 이야기가 아니어도 이런저런 이야기를 편히 나누는 그런 담당자가 되고 싶었다. 그런데 당시의 나는 3W를 달성하기 위해 오히려 고객들에게 부담을 주는 설계사가 되어 있었다. 고객들에게 필요한 정보 제공과 상품 설명, 그리고 고객만족이 될 때까지 최선을 다하는 사후 관리, 이 모든 것이 완벽히 돌아가야만 고객들에게서 소개라는 것이 나올 수 있다는 사실을 놓치고 있었던 것이다.

'어떻게 하면 오늘보다는 내일의 활동이 더 잘될 수 있는 환경이 만들어질까?' '과연 어떻게 하면 내가 이 직업을 즐기면서 평생 직업으로 발전시킬 수 있을까?'에 대해 나는 고민하고 또 고민했다. 나는 "절대로, 절대로, 절대로 인생을 서두르지 말라"는 인디언 속담을 되새기며 충분한 시간을 두고 생각을 정리해 나갔다.

사실 잘나가고 비빌 언덕이 많은 담당자들은 남들보다 좀 더 편한 방법으로 영업을 할 수 있다. 그러나 나에게 비빌 언덕이란 한 분 한 분의 고객밖에는 없다. 그렇다면 결국 많은 고객을 만나기보다는 한 분 한 분과 더 진솔하고 소중한 대화를 나누며 같이 공감하는 담당자가 되어야만 했다. 그것은 고객의 만족도를 최상으로 높일 수 있는 방법이기도 했지만, 나 스스로 보험인으로서 양심에 어긋나지 않는 삶을 사는 길이기도 했다.

3W를 하는 것도 어렵지만 마감하고 나서 잘못하면 더 위험해질 수 있다는 말이 실감이 나기 시작했다. 실적이 저하되니 당연히 수당 또한 낮아졌다. 나는 그럴수록 "충분히 배울 때까지 시험은 계속되는 법이다"라는 말을 되새기며 나의 신념에 확신을 더욱 불어

넣었다. 매일 눈뜨면 어디서 계약이라는 물동이를 짊어지고 올 것인가를 고민하기보다는 좀 더 폭넓은 지식과 정보를 제공해 드려 고객들의 자발적 가입과 지인을 다시 소개해 주는 '해피콜'이 나올 정도가 되어야 했다. 그러기 위해서는 나만의 맞춤 시스템 구축이 무엇보다도 우선되어야 했다. 그리고 나의 목표를 시스템에 접목시켜야 했다. 시스템이 원활하게 작동하면 자연스럽게 목표 달성이 이루어지게 말이다. 표면적으로는 3W를 포기한 것이지만 나는 3W 이상의 효과를 가져올 수 있는 나만의 전략과 목표 설정을 위해 많은 고민의 시간을 가졌다.

한 그루의 작은 사과 묘목이 자라 사과나무가 되고 그 사과나무에서 먹을 수 있는 사과가 열리기까지 5년 정도의 시간이 필요하다고 한다. 지인분들을 통한 계약은 그동안 5년이라는 시간 전에 알고 지내던 분들과의 관계에서 나온 사과 계약이라면, 5년이 지나고 10년 또 지난 이후에도 지속적으로 활동하기 위해서는 지금부터라도 사과농사를 짓는 농부의 심정으로 내일의 사과나무를 심어야 한다는 생각이 들었다.

나는 그 첫 번째 목표로 "1년 열두 달을 두 달씩 묶어 총 6회 중에 건수와 금액 실적으로 CHALLENGE(3회)부터 BRONZE, SILVER, GOLD(6회), PRIZE까지 컨벤션 달성"을 설정했다. 평가 기준을 보면 두 달에 12건의 건수 실적과 450만 원 이상의 금액 실적이 나와야만 가능한 목표였다. 그러기 위해서는 한시도 긴장감을 놓을 수 없었다. 하지만 적어도 3W처럼 매주 마감에 대한 부담감에 시달릴

일은 없었다. 조급함이 사라지면 제대로 준비해서 고객들에게 다가
갈 수 있는 시간을 확보할 수 있기에 충분히 달성 가능한 목표라는
생각이 들었다.

두 번째 목표는 "MDRT(Millon Dollar Round Table) 달성"이었다.
MDRT라는 것은 백만불 원탁회의로 글로벌 프로 라이프 컨설턴트
만이 참가할 수 있는 회원제 모임이다. 회원 자격을 유지하기 위해
서는 연봉 1억 이상의 실적이 매년 꾸준히 나와야만 한다. 적어도
연봉 1억 이상은 꾸준히 나와야 성공의 맛을 조금이라도 접해 볼
수 있다는 생각에 매년 MDRT 회원 가입을 목표로 잡은 것이다.

세 번째는 목표는 "고객들의 종합적인 자산관리를 해 드리기 위
해 라이센스를 획득하는 것"이었다. 고객들께 재정안정보장계획부
터 종합적인 자산관리를 제공해 드리기 위해서는 단순히 상품만을
판매하기 위한 회사 내부와 금융 관련법에만 한정된 라이센스가 아
닌, 보다 광의의 지식과 정보, 그리고 라이센스가 있어야 했다. 수
많은 금융 상품을 활용하기 위해서는 담당자가 제대로 알고 있어야
고객들에게 보다 정확한 정보를 제공해 드릴 수 있기 때문이다.

네 번째는 목표는 "회사 내부 상위 1% 안에 드는 멤버들의 모임
인 LION 달성 및 유지"였다. LION은 목표 건수와 금액, 그리고 유
지율 등 까다로운 내부 자격 요건이 있다. 하지만 나는 이왕이면 나
의 소중한 고객분들이 LION급에게만 특별히 제공되는 자산관리
세미나 등의 혜택도 받으실 수 있게 해 드리기 위해 이 목표 역시
달성하고 싶었다. 더불어 아빠로서, 그리고 남편으로서 가족에게

멋진 모습을 보여 주고 싶었다.

다섯 번째 목표는 "고객분들께 최소한 매주 한 번은 좋은 정보를 제공해 드리는 것"으로 설정했다. 보험 정보를 비롯해 건강이나 부동산, 음악, 책, 미술 등 다양한 분야의 좋은 정보를 정리하여 고객들에게 읽을거리를 제공해 드리기 위해서다.

여섯 번째 목표는 "개인 비서를 채용하고 유지하는 것"이었다. 고객들에게 제대로 된 고객관리 프로그램을 제공해 드리기 위해서는 여러 명이 같이 채용한 비서보다는 아무래도 개인 비서가 더 많은 도움이 된다. 고객정보의 보안 및 세밀한 부분까지도 지원해 주니 말이다.

일곱 번째 목표는 "어려운 소년소녀 가장들을 위한 기부를 다시 실천하는 것"이었다. 사실 신혼 초부터 우리 부부는 결혼기념일에 작은 금액이나마 기부를 했었다. 그런데 5년이 넘도록 후원하던 단체가 어느 날 비리로 적발되어 그 시설에 있던 어린아이들이 마음에 상처를 입은 것을 알고는 후원을 중단하게 되었다. 사실 그때는 박봉에도 불구하고 월급을 쪼개서 후원했는데, 아이들을 위해 쓰이지 않고 엉뚱한 사람들한테 갔다는 것이 억울하고 화가 났다. 하지만 세상에 남아 있는 희망이라는 불씨가 꺼지지 않게 돕는 것이 우리의 의무라는 생각에, 그동안 중단했던 후원을 다시 실천하는 것을 목표로 잡았다.

이외에도 기타 몇 가지 목표와 세부적인 계획도 잡았지만, 우선은 이 일곱 가지 목표를 이루기 위해 사과나무를 심는 농부의 심정으로 일을 시작하기로 했다. 길게 보고, 일단 한 번 시작한 일은 꾸준히 진행하는 것이 무엇보다도 중요하다는 생각이 들었다. 물론 시간이 지나고 현장에서 고객들과 접하면서 일부 진행 방법을 수정할 수는 있겠지만, 내가 세운 목표 자체는 절대 수정하지 않기로 다짐했다. 이것은 나 자신의 목표인 동시에 가족과 사회, 그리고 고객과의 약속이기도 했으니 말이다.

지금의 나는 위의 일곱 가지 목표 중 상당 부분을 이루어 냈다. 그 결과, 나는 이것이 3W를 꾸준히 유지하는 것보다 더 큰 성과임을 확신하게 되었다. 3W가 실적만을 위한 것이었다면 적어도 나의 일곱 가지 목표는 나와 가족, 고객과 사회를 모두 만족시키는 것들이었다.

이것이
나의 길이다

나는 프로다,
나는 최고다

日新 日日新 又日新

'날로 새로워지려거든 하루하루를 새롭게 하고 또 매일매일을 새롭게 하라'는 말이다. 이는 세계 최고의 부자로 손꼽히는 빌 게이츠가 강조한 말이기도 하다.

"나는 힘이 센 강자도 아니고, 그렇다고 두뇌가 뛰어난 천재도 아닙니다. 날마다 새롭게 변신했을 뿐입니다. 그것이 나의 성공 비결입니다. change(변화)의 g를 c로 바꿔 보십시오. chance(기회)가 되지 않습니까? 변화 속에 반드시 기회가 있습니다."

모든 것을 다 이룬 듯한 그는 요즘도 여전히 날마다 독서를 한다고 한다. 매일매일 새롭게 변신하고 그 속에서 또 다른 새로운 기회를 찾기 위해서다.

고객에 대한 두려움을 걷어 내고, 슬럼프를 극복해 가며 실적을 차곡차곡 쌓아 가던 어느 날, 나는 흐르지 않고 정체되어 있는 나를 발견했다. 그날 나는 인천에 있는 후배를 찾아가 영업을 할 생각이었다. 한참 동안 만나지 못했던 직장 후배였지만 고맙게도 그는 나를 기꺼이 만나 주었다. 반가움과 기대감을 안고 만난 그 자리에서 나는 내가 얼마나 현실에 안주하고 살았는지 새삼 깨닫게 되었다.

함께 점심 식사를 한 후 나는 후배의 가족에게 필요한 상품을 설명하기 위해 이야기를 꺼냈다. 한참을 설명하는데 후배가 대뜸, "저, 말씀 도중 죄송한데, 재정안정보장계획에 대하여 말씀하시는 건가요?"라며 물어 왔다. 어디 그뿐인가. 후배는 한술 더 떠서 내가 회사에서 배운 예제까지도 미리 설명하는 것이었다. 나는 후배가 보험에 대한 전문적 지식, 그것도 내가 말하고자 하는 것을 미리 알고 있는 것이 놀라워 "어떻게 아느냐?"고 물었다.

자초지종은 이랬다. 그 후배와 내가 같이 근무하던 회사에 입사하기 전에 그 역시 1년 정도 보험회사에서 활동한 적이 있었다는 것이다. 보험업에서는 후배가 나보다 선배였던 셈이다.

"그런데 왜 지금껏 말을 안 했어?"

"보험 출신이라 하면 워낙 인식이 안 좋아서 말하기 싫더라고요."

"하긴, 우리나라에선 좀 그렇지. 하하."

후배는 자신이 활동하는 동안 고객들을 만나면서 겪었던 여러 에피소드를 들려주며, 고객들의 반응이 이럴 때는 어떤 결과가 나오게 되는데, 그때는 이렇게 하는 게 도움이 된다며 나에게 조언을 아끼지 않았다.

"아무리 좋은 상품이라 해도 고객은 보험 상품에 관한 이야기만 하면 지루해 해요. 게다가 상대가 나에게 보험 상품을 팔기 위해 이렇게 친절을 베풀고 있다, 라는 생각에 거리감도 생기죠. 하지만 업무 외의 이야기를 서로 나누며 공감하다 보면 고객은 자연스레 마음의 벽을 허물게 돼요."

후배는 일본 경제신문에서 본 '잘나가는 영업사원들의 영업 화술을 조사한 결과'에 대해 들려주었다. 1위는 '무조건 상대방의 이야기를 듣는다'이고, 2위는 '업무 외 이야기 80%, 일 이야기 20%로 상대가 먼저 자신을 좋아하게 만든다'였다고 한다. 그리고 3위는 '상대방의 연령층에 맞는 이야기를 한다'인데, 이것을 종합해 보면 일단 상대방의 이야기를 많이 들어 주고, 다음으로 내가 상대에게 이야기할 때는 상대방의 연령층에 맞는 다양한 이야기를 많이 나누어 상대가 나에게 호감을 갖도록 해야 한다는 것이었다.

이외에도 후배는 내가 귀담아들어야 할 만한 조언을 많이 해 주었다. 특히 보험 컨설턴트로서 프로의식을 가지고 일에 임해야 하고, 그러기 위해서는 늘 '매일 새롭게 성장하는 사람'이 되어야 한다고 했다. 나는 생각지도 못한 후배의 조언에 감사한 마음이 들었다. 비록 후배를 보험에 가입시키겠다는 애초의 계획은 물 건너갔지만, 이보 전진을 위한 일보 후퇴이기에 전혀 개의치 않았다.

사실 보험일을 하면서 상품의 특성과 장점만을 가지고 고객에게 달려든다는 것은 힘만 빠지는 바보 같은 짓이다. 고객과 함께 세상

돌아가는 이야기, 즉 정치, 경제, 사회, 문화 등의 폭넓은 대화를 나누면서 공감대를 형성하는 것이 우선이다. 이처럼 서로가 공감대를 형성하고 마음의 벽을 허물다 보면 고객은 자연스레 자신의 정보를 알려 주게 된다. 이렇게 얻은 정보로 고객에게 가장 필요한 상품을 소개해 드린다면, 적어도 고객은 무턱대고 그것을 거부하지는 않는다.

그날 이후 지금껏 나는 남들보다 조금 더 늦게 자고 조금 더 일찍 일어난다. 그래서 항상 수면이 부족하지만 마음만은 늘 개운하다. 나는 평소 집으로 배달되는 일간신문에다 회사 사무실에서 보던 경제신문을 추가로 구독했다. 그리고 출근하기 전 아침 시간을 활용해 그것을 모두 읽었다.

"참, 오늘 아침 신문에 ○○에 대한 이야기가 나왔던데, 보셨어요?"

고객들과 자연스러운 대화를 나누기 위한 소재의 보고로 신문만한 것이 없다. 다 지나간 옛이야기를 꺼내 고객을 지루하게 만들 일도 없으며, 혹시라도 고객이 먼저 어떤 사건에 대해 이야기를 건네올 때도 내가 그것을 모르고 있으면 대화가 이어지기 힘들다. 때문에 나는 매일 아침, 잠을 줄여서라도 신문을 정독했다. 뿐만 아니다. 밤에는 30분의 짬을 내어 아침에 보았던 신문을 다시 펼쳐 놓고는 내가 고객을 만나 활용했던 내용들이 맞는지 확인하고, 그것을 완전히 내 것으로 만들기 위해 복습까지 했다. 덕분에 그때부터 지금까지 이렇게 차곡차곡 쌓인 경제 지식은 고객을 만나 대화를 나누거나 고객에게 더 좋은 금융 상품을 소개할 때 아주 요긴하게 잘 활용되고 있다.

"이럴 땐 어떻게 하는 게 현명한 것인가요?"

고객들이 달라졌다. 아니 좀 더 정확히 말하면 내가 변화하니 고객들도 덩달아 변화한 것이다. "보험 필요 없는데요" 혹은 "보험 다 있어요"라고 말하던 그들이 오히려 나에게 질문을 하고 대화를 이어 나갔다.

대학에서 경제학을 전공했던 나는 매일 언론에서 쏟아 내는 경제 기사가 국민 실생활에 얼마나, 그리고 어떻게 영향을 미칠 것인지에 분석해 고객들에게 자연스럽게 그것에 대해 이야기했다. 그러자 고객들은 "과연 이러한 현실에 어떻게 대처해야 옳은 것인지" 나에게 질문을 하기 시작했다. 이제 비로소 그들의 눈에 내가 단순한 보험 외판원이 아닌, 진정한 보험 컨설턴트, 금융 전문가로 비치기 시작한 것 같았다.

나는 고객들과 대화를 이어 가면서 그들이 평소 무엇에 대해 궁금해 하는지도 알게 되었다. 매일 아침 신문을 장식하는 새로운 경제 기사들만큼이나 다양하고 많은 금융 상품들이 흘러넘치자, 그들은 반가워하기는커녕 오히려 어찌할 바를 몰라 힘들어 하고 있었다. 다다익선이라고 많으면 많을수록 좋을 줄 알았던 금융 상품들이 외려 그들에게 혼란만 가중시켰던 것이다.

뿐만 아니다. 고객들은 언론을 통해 시사적인 내용을 접하게 되고 궁금하던 차에, 여유 자금을 어디에 접목시켜 어떻게 하면 지금보다 더 나은 삶을 추구할 수 있을까를 고민하고 있었다.

"이런 것 없습니까?" "그런데 이게 뭡니까?" "이것과 이것은 도대체 뭐가 다르죠?" "이건 어떻게 운용하는 겁니까?" 등 고객들은 내가 짐작했던 것보다 더 많은 곳에서 정보를 수집, 검토하고 있었다. 물론 그들의 모든 궁금증은 "어떻게 가족의 안정된 미래를 만들어 갈 것인가?" "어떻게 자산을 불려 갈 것인가?"로 귀결되었으며, 그것은 곧 내가 그들에게 알려 주고 싶었던 것이기도 했다.

나는 매번 최선을 다해 내가 수집한 정보들을 토대로 그들에게 내 소신을 전했다. 하지만 그것은 단지 조언일 뿐 절대적일 수는 없었다. 백인백색이라는 말처럼 고객마다 그들이 처한 상황에 따라 원하는 것이 달랐고, 시간이며 자금 사정 등이 모두 달랐으니 말이다. 따라서 고객마다 필요로 하는 금융 상품이 다를 수밖에 없었는데, 금융 상품을 마치 공장에서 제품을 찍어내듯 일률적으로 고객에게 끼워 넣어 설명한다는 것은 말이 안 되는 일이었다.

개개인의 고객이 처한 다양한 환경만큼이나 그들의 질문은 각양각색으로 쏟아져 나왔다. 나는 그것에 대처하는 과정에서 자연스레 나의 부족함을 또 한 번 깨닫게 되었다. 경제 전문가가 왜 있으며, 박사학위가 왜 있는지도 알게 되었다. 하지만 내가 그 나이에 다시 공부를 해 박사학위를 받아 고객들과 다시 만난다는 것은 현실적으로 힘든 일이었다. 대신 박사 못지않은 경제 지식을 쌓는 것은 도전해 볼 만한 일이었다.

나는 무엇을 하든 제대로 하는 것이 한 분야에서 오래도록 전문가로 살아남을 수 있는 길이라는 것을 알게 되었다. 새로운 것을 창출하는 것도 멋지고 가치 있는 일이지만, 그 이전에 이미 세상에 알려져 있는 것들을 더 많이 알고 숙지하는 공부 역시 아주 중요했다. 또한 고객마다 원하는 것이 제각각인데, 내 몸 편하자고 인위적으로 꿰맞추어 설계하기보다는 개인별 맞춤설계를 하는 것이 옳다는 판단이 들었다.

나는 양심적인 재무 설계사가 되기 위해 연구를 게을리하지 않았다. 물론 시간이라는 물리적 한계가 존재하다 보니 여전히 고객과의 상담 중에 모르는 부분이 발생하기도 했다. 하지만 그때마다 나는 얼렁뚱땅 얼버무리기보다는 잘 모르겠다고 분명하게 고백했다. 그러고는 최대한 빠른 시일 내에 정확한 답을 찾아 놓겠으며, 만약 그것이 여의치 않으면 법률이 되든 세무가 되든 의료 분야가 되든 전문가가 필요한 분야에는 최고의 전문가를 소개시켜 드리겠다고도 했다.

나의 진심 어린 정성이 통해서일까. 고객들은 다른 컨설턴트를 찾아 계약하기보다는 내가 알아봐 주길 바란다는 말과 함께 알아볼 수 있는 시간까지 선물로 주셨다. 사실 우리나라에는 보험 관련 일을 하는 분들이 몇 십만 명에 달할 뿐만 아니라, 은행에만 해도 방카슈랑스를 하는 직원들도 많고 PB들도 많다. 그럼에도 그 많은 동종업계 사람들 중에서 '나'를 기다려 주겠다는 것은 대단한 배려이며 선물이었다. 나는 너무나 고마웠다. 그것은 실적이나 수당을 떠나 나의 존재 가치를 인정받는 일이기에 매우 큰 힘이 되어 주었다.

고객들이 기다리는 시간을 조금이라도 줄여 드리고 싶은 마음에 나는 곧장 사무실로 돌아와 회사의 자료집을 열람하고 필요한 자료들을 출력해서 공부했다. 그리고 고객들이 궁금해 하는 은행, 증권사, 다른 보험회사 자료 등을 수집하기 위해 각각의 금융사도 돌아다녔다. 그러면서 책상에 앉아 자료와 책으로 공부하는 것 이상으로 많은 정보를 알아 낼 수 있다.

사실 은행이나 증권사, 보험회사에는 비슷한 보장이 이루어지는 상품이 많다. 그런데 이것들이 완전히 동일한 것은 아니어서 수집한 자료마다 꼭 한두 가지 정도의 차이점이 있었다. 즉 글을 쓴 사람마다, 자료를 만든 단체마다 자기들이 특화된 분야에서만큼은 특징적인 내용이 있었다. 따라서 글을 모두 다 읽기 전까지는 중복되었는지 알 수 없었기에 모든 자료를 공부하는 수밖에 달리 방법이 없었다.

이것들을 서로 비교하여 특징을 찾아 내는 것은 시간도 많이 걸릴뿐더러 귀찮은 일이기도 해서, 대부분의 보험 컨설턴트들은 여기까지는 잘 하지 않는다. 남들이 하지 않는 일, 남들이 꺼리는 일, 남들이 중요하게 생각하지 않는 일! 나는 어쩌면 이것이 나만의 필살기가 될 수 있다는 생각이 들었다. 동일하거나 유사한 상품임에도 해석하는 방법과 응용의 차이에서 오는 특징을 찾는다는 것은 곧 나만의 지식 무기를 가지게 되는 것이었다. 그것은 전문가가 되는 길인 동시에 고객을 나에게로 끌어당기는 강력한 자석이 될 것이라는 생각에 나는 피곤한 줄도 모르고 열심히 연구했고, 마침내 그것들의 차이를 완벽하게 정리해 냈다.

보장성 종신보험부터 변액의 운용 형태와 응용 방법, 그리고 펀드 운용, 주택 관련 상품에 대한 정보 및 청약 방법, 은행 및 증권사에서 취급하는 MMDA, MMF, CMA, ELS, ETF, ELW 등 파생 상품 분야까지. 공부를 하기 위해 그동안 모아 두었던 자료들을 모두 취합해 보니 A4용지 1천 장 정도가 나왔다. 말이 1천 장이지 상품에 대한 정보를 읽고, 연구하고, 응용하고, 생각을 정리한다는 것은 많은 시간과 노력이 필요한 일이었다.

나는 충분한 시간을 확보하기 위해 명절도 반납하고 공부에 몰입했다. 마침 추석 명절 앞뒤로 샌드위치데이까지 포함하고 나니 9일 정도의 시간을 확보할 수 있었다. 아내에게 자료를 보여 주면서 "전문가가 되기 위해서는 지금 당장 이것들을 모두 공부해야 한다"며 양해를 구했다. 아내는 전문가가 되기 위한 내 의지는 충분히 이해하지만, 명절이라 아이들이 당장 시골 할머니 댁에 내려가고 싶어 하는 눈치인데 어떻게 하냐며 걱정을 했다. 게다가 어머니 또한 우리가 내려오길 기다리고 계실 거라며 며칠이라도 시골에 다녀오면 안 되겠냐고 물었다.

"여보, 오늘 걷지 않으면 내일은 뛰어야 해. 유명한 골퍼 최경주 선수는 '오늘 1000개를 치겠다고 자신과 약속했으면 1000개를 쳐야 한다. 999개를 치고 내일 1001개를 치겠다며 골프채를 내려놓는 순간 성공은 당신 곁을 떠나간다'고 말했어. 내 생각도 마찬가지야. 해야 한다고 마음먹은 것은 어떤 난관이 와도 해야 해. 하루를 쉬고 나면 이틀 쉬고 싶어지는 것이 사람의 마음이잖아."

나는 명절이라는 이유로 공부를 미루기는 싫어 아내를 설득했다. 그리고 시골에 전화를 드려 어머니께 양해를 구하고 명절이 시작되기 전날부터 공부에 돌입했다. 아빠가 공부를 시작한 관계로 아이들이 정말 재미없는 명절을 보내게 된 것이 미안했지만, 언젠가 한 번은 반드시 거쳐야 하는 관문이라 생각하자며 아이들을 달랬다.

새벽바람이 제법 쌀쌀했지만 나는 공부를 하기 위해 시립도서관을 다녔다. 아침 7시부터 시작한 공부는 밤 11시 도서관이 문을 닫을 때까지 이어졌다. 명절 앞뒤로 도서관이 휴무인 관계로 집에서 공부해야 했다. 집은 도서관과 달리 편안한 공간이라 그런지 졸음이 쏟아지기도 했다. 그때마다 나는 베란다에 나가 왔다 갔다 하면서 공부를 했다. 씻는 시간도 아까워서 잘 씻지도 않았다. 공부를 시작한 지 닷새째 되던 날 거울을 보니 몰골이 말이 아니었다. 까칠해진 수염과 꼬질꼬질한 얼굴, 기름기가 번드르르한 머리를 보니 웃음이 절로 나왔다. 고3 수험생도 이 정도는 아니겠다며 아내도 웃었다.

남들 눈에는 폐인처럼 보일 수도 있겠다는 생각이 들었지만, 나는 정말 열심히 집중했구나 하는 생각에 오히려 마음이 뿌듯해졌다. 나는 깨끗이 샤워를 한 후 다시 새로운 기분으로 공부에 집중했다.

밥 먹는 시간을 빼고는 하루 종일 정신없이 달려온 9일이었다.

비록 시골에도 가지 못하고 아이들과 놀아 주지도 못했지만, 일취월장한 내 실력에 나 스스로도 감격스러웠다. 하나를 포기하니 열을 얻은 기분이었다. 이제 고객들을 만나면 어떠한 금융 관련 정보도 자신 있게 제공하고 설명할 수 있는 전문가가 되었다는 뿌듯함을 느낄 수 있었다.

한 분야에서 성공한 대가들은 대부분 그 일에 미쳐 있었다고 한다. 파브르는 곤충에, 포드는 자동차에, 빌 게이츠는 컴퓨터에, 에디슨은 전기에 미쳐 있었다. 그들은 미쳤다는 소리를 들을 만큼 몰입했기에 남들보다 더 많은 시간을 그것에 대해 연구하는 데 바칠수 있었던 것이다.

그해 추석 연휴를 시작으로 나는 늘 짬이 나면 반복해서 공부하고, 새로운 정보 수집을 게을리하지 않았다. 사람들은 간혹 그런 내 모습에 의아한 듯 물었다. FC가 무슨 공부를 그렇게 열심히 하냐고. 나는 FC의 길을 선택한 이상, 그 분야에서 최고가 되고 싶었다. 실적도 실적이지만, 누구보다도 더 많이 알고 더 정확히 답을 찾아줄 수 있는 진정한 전문가가 되고 싶었다. 그러기 위해서는 그 일에 미친 듯 몰입하고 열중할 수밖에 없었다.

나는 '꿈'을 파는
사람이다

가망고객분들을 만나 나를 소개하는 자리에서 나는 종종 "저는 DS를 하는 사람입니다"라고 인사한다. 그러면 대부분은 그것을, 접는 형태의 본체에 2개의 액정 화면을 가진 게임기를 뜻하는 'Dual Screen' 또는 'Developer's System'의 줄임말로 오해해 나를 게임기 회사 직원으로 생각하곤 한다. 그러면 나는 "저는 DREAM SALE을 하는 사람입니다"라고 다시 말씀 드린다.

DREAM SALE! 꿈을 파는 사람으로 고객들과 만나고 싶은 생각에 내가 만든 합성어이다. 종합재무설계사, 재무상담사, 재정컨설턴트, 종합자산관리사라 불리는 라이센스를 가지고 활동하는 나는 돈이 많고 적음을 떠나 고객들이 원하고 바라는 꿈을 현실에서 이루어지도록 도와주는 사람이다. 때문에 나의 사명은 고객들의 재무상태를 점검하고 상담, 관리하여 그들의 꿈을 지키고 이룰 수 있게 해 주는 일이다.

나는 고객들이 투기에 가까울 만큼 무리하게 투자를 하거나, 너무 소극적인 운용으로 아까운 기회를 놓치고 있을 때 주의와 경고 등을 켜 주고, 고객들의 꿈을 이루기 위한 방법으로 그들을 금융 상품과 접목시켜 준다. 그리고 이것으로 수당을 받아 생활하니 'DREAM SALE'를 하는 것이 분명하다.

'DREAM SALE'를 외치며 제아무리 다부진 각오로 고객을 만나도 고객은 자신에 관한 정보를 쉽게 말해 주지 않는다. 특히 소개자와의 안면 때문에 어쩔 수 없이 나를 만나는 경우라면 더욱 그렇다. 정보 없이 재무설계를 한다는 것은 힘든 일이므로 이쯤 되면 나만의 비법이 등장한다. 바로 고객이 무엇을 원하는지 본인 스스로 말할 수 있도록 유도하는 질문화법이 그것이다. 뭐라도 실마리를 얻을 만한 간접 질문을 던진 후 고객이 그에 대한 답을 하는 동안 정보를 캐치하면 된다. 물론 그마저도 말을 안 하는 분들도 계시지만 90% 정도는 정보가 될 만한 사항을 스스로 이야기해 준다.

고객의 정보를 수집했다면 다음으로 필요한 것이 고객의 니즈를 찾아내는 것이다. 고객들 스스로 "나는 이런 것을 원해요"라고 분명하게 말하는 경우는 드물며, 심지어는 자신이 무엇을 원하는지 정확히 알지 못하는 고객들도 많다. 특히 한 공간에 오래 머물며 연구에 몰두하는 전문직종의 분들인 경우 자신도 모르는 사이 금융 정보에 취약해져 자신의 금융 니즈가 어떤 것인지 잘 모르는 경우가 많다. 때문에 이런 분들에겐 절대적으로 많은 질문과 설명이 필요하다.

그런데 이분들을 대하며 난감한 점은 이분들 스스로가 자신이 아주 똑똑하다고 자부하기 때문에 본인 스스로 직접 알아보고 판단하는 것이 가장 옳다고 믿고 있다는 것이다. 환자분들한테는 본인이 전문의이자 주치의라며 진단 및 처방, 주의사항까지도 친절하게 챙겨 주면서도, 자신의 전문 분야가 아닌 금융 분야에서는 재정 주치의의 말을 안 듣는 의사분들도 종종 있다.

사실 '모른다'는 것은 삶에 별달리 장애가 되지 않는다. 왜냐하면 내가 모르는 것은 남에게 배우면 되기 때문이다. 정작 삶에 걸림돌이 되는 것은 내가 모른다는 사실조차 모르고 있다는 점이다. 그리고 더 심각한 것은 내가 모른다는 것을 알면서도 그것을 인정하지 않는 태도이다.

고대 철학자 플라톤이 쓴 『소크라테스의 변명』을 보면 "자신의 무지함을 깨달은 사람이야말로 다른 사람보다 지혜롭다"라는 말이 나온다. 소크라테스는 자신보다 현명한 사람을 찾기 위해 정치가나 시인, 장인 등 각 방면의 전문가들을 찾아다녔다. 하지만 이들은 생각보다 현명하지 않았다고 한다. 그들은 자신이 전문가이기 때문에 모든 것을 알고 있다고 자만하는 까닭에 오히려 남의 지식이나 지혜를 받아들이지 않아 스스로를 우물 안에 가두는 우를 범한다는 것이다.

어느 날 지방에 계신 의사 한 분이 전화를 주셨다. 그분은 그 지역에서 꽤 유명한 병원을 운영하고 계셨다. 게다가 이미 은퇴 이후를 생각하셔서 많은 연금과 종신보험 등에도 가입을 해 놓으셨다. 그런데 갑자기 전화를 주셔서는 같은 그룹사인 자산운용사에서 펀드 판매 전국 1등의 경력이 있는 나에게 투자에 대한 자문을 구하고 싶다는 것이었다.

"어떤 것이 궁금하신가요?"

내가 운을 떼기 무섭게 그분은 자신이 현재 가입하고 있는 연금 및 종신보험을 모두 해약하고 자기가 분석한 어느 기업의 개별 종목에 올인할 생각이라고 했다. 그분은 엄청난 수익을 올릴 것이라며 확신에 찬 목소리로 말했다. 나는 그분을 설득하기란 매우 힘들 것이라는 예감이 들었다. 자기 맹신에 빠진 사람들의 대부분이 여간해서는 남의 말을 믿지 않는 성향이 강하기 때문이다.

나는 그분에게 기업의 재무상태는 확인했는지, 애널리스트들이 조사하고 분석해 놓은 자료들은 꼼꼼히 챙겨 봤는지, 향후 그 기업의 미래 성장 동력은 무엇이라 생각하는지, 경기 트랜드뿐만 아니라 향후 성장 가능한 업종인지, 투자 대비 목표 수익률은 몇 %를 잡고 있는지, 투자 기간과 긴급 예비 자금 확보 및 대책은 있는지 등등 많은 질문을 했다.

그분은 나름 분석한 결과를 이야기했지만, 전문가인 내 입장에서 볼 때 미비하기 그지없는 자료와 분석이었다. 그럼에도 그분이 그렇게까지 확신에 차 있는 것은 무언가 그분의 눈을 가리는 것이 있기 때문이라는 생각이 들었다.

나는 왜 그렇게 무리를 해서 투자가 아닌 투기를 하려고 하냐고 조심스레 물었다. 그분은 지금 몸담고 있는 분야를 떠나 다른 분야로의 진출의 꾀하는 중이었다. 꽤 많은 자금이 필요한 일이다 보니, 지금껏 차곡차곡 모았던 보험을 해약하고 선택한 종목에 모두 투자해서 일확천금을 만들어 내려는 것이었다.

주식이 좀 더 많은 수익을 기대할 수 있는 적극적인 투자 방식임에는 틀림없지만, "계란을 한 바구니에 담지 말라"는 투자 잠언처럼 한두 가지 종목에 올인하는 것은 위험하기 그지없는 일이었다. 아니, 그것은 투자를 넘어 투기에 가까웠다.

"개별 종목에 모두 투자하셨다가 수익률이 마이너스가 나오는 경우에는 어떻게 자금을 마련하실 생각이십니까? 더군다나 그 손해액은 선생님의 안정적인 미래를 위험에 빠뜨릴 수도 있습니다. 선생님 연세도 있으셔서 덜컥 종신보험을 해약하고 나면 다시 가입하기가 힘듭니다. 이제 조금 있으면 보험 혜택을 보실 경우가 많아질 텐데 해약 외에 다른 방도는 생각을 안 해 보셨나요? 그리고 조세특례법에 의해 장기저축 상품은 비과세 혜택을 보실 수 있는데 지금까지 오랜 시간 저축해서 좋은 혜택을 받아 놓으신 연금도 해약해야만 한다고 보시나요?"

나는 굳이 대답을 듣겠다기보다는 그분의 마음을 돌려 놓는 것이 우선이라는 생각에 계속해서 많은 질문들을 던졌다. 나를 믿고 자문을 구해 오신 분이니 나 역시 최선을 다해 조언을 해 드리는 것이 도리에 맞다는 생각에서였다.

명예와 권력에 대한 욕심이 지금껏 현명하게 살아 오신 분의 눈을 멀게 한 것 같다는 안타까운 마음이 들었다.

"만약에 하시고자 하는 일이 잘 안 되면 어떻게 되는 건가요?"

"병원은 문 닫는 게 아니니까 나중에 돈 벌어서 다시 채워 넣으면 됩니다."

어찌 보면 현실적인 대안이긴 했지만, 그렇다고 해서 가장 최선의 방법은 아니었다. 최선은 웅덩이를 피해 갈 수 있으면 피해 가는 것이지 웅덩이에 빠진 후 다시 일어서는 것이 아니지 않은가.

"좋습니다. 20여 년 병원을 운용하셨는데 앞으로도 선생님께서는 지나온 시간만큼 열정적으로 일하실 거라 확신하십니까?"

"확신은 할 수 없지만 어렵다고는 생각하지 않습니다."

"그러시다면 선생님의 건강과 계획하시는 일, 그리고 병원 운영이 앞으로도 지금처럼 계속 잘될 것이며, 사랑하는 가족들이 아무 일 없이 행복하게 잘 지낼 거라는 기대를 가지시는 것과, 수학에서 단순한 공식을 가지고 문제를 푸는 경우를 비교해 보면 어떤 것이 더 안정적으로 정답을 낼 확률이 높다고 보십니까?"

"아무래도 수학공식이 정답을 낼 확률이 높겠지요."

그분은 단 한 차례의 상담을 끝으로 더 이상 연락이 없으셨다. 나의 조언을 귀담아 들으셨는지는 잘 모르겠으나, 나는 그분에게 최선을 다해 나의 소신을 전했고, 'DREAM SALE'을 했다. 물론 그분은 꿈을 사지 않으셨지만 말이다.

꿈이란 탑과도 같아서 이루기는 어렵지만 무너지는 것은 한순간이다. 투자도 마찬가지다. 잘못된 판단으로 그간 쌓아 왔던 모든 것을 잃고 빚마저 지는 경우가 허다하다. 나름 연구도 하고 책도 읽지만 이론만을 가지고 판단을 내리기란 쉽지 않을뿐더러, 신중하지 못한 섣부른 판단으로 낭패를 보는 경우도 종종 있다. 전문가와 상담을 해 보면 아주 쉽게 해답을 찾을 수 있지만, 대부분은 뭔가에 생각이 깊어진 나머지 전문가의 말조차 무시하는 경우가 많다. 웅덩이를 피할 수 있는데, 굳이 웅덩이에 빠지는 모습을 보면 안타깝기 그지없다.

작고 사소한 것이
결정한다

나는 고객과 계약이 성사되고 나면 매번 감사의 표시로 작게나마 선물을 준비한다. 주로 책을 많이 선물해 드리는데, 베스트셀러 중에서 대충 고르기보다는 책의 내용이 고객의 관심사나 취미에 맞게끔 서점을 직접 방문해 내용을 먼저 훑어보고 책을 선별한다.

선물하는 책의 대부분이 금융 분야나 경제 경영 관련 서적인데, 의외로 고객들이 많이 좋아하신다. 이런 책들은 얼핏 보면 조금 딱딱하고 지루한 내용 같지만, 관심을 가지고 들여다보면 그야말로 피가 되고 살이 되는 고급 정보들이 가득하다.

가끔은 고객들이 나에게 책의 내용에 관해 질문을 하는 경우도 있다.

"책 내용 중에 이런 이야기가 나오던데 그것은 어떤 의미인가요?"

책의 내용에 대해 이야기를 나누다 보면 자연스럽게 고객과 글로벌 경제 이야기부터 실생활로 연결되는 일반적인 대화까지 나누게 된다. 게다가 간혹 내가 답하기 어려운 질문을 받으면 나는 또 다른 자료를 준비해 고객과 더 깊이 있는 대화를 나누게 되니 나의 발전에도 도움이 된다.

"늘 텔레비전이나 신문 등에서 접하면서도 무슨 말인지 정확히 그 의미를 몰랐는데, 덕분에 정확하게 알게 되었습니다."

고객이 좋아하니 나도 덩달아 기분이 좋아진다. 책 한 권으로 나와 고객이 더 크고 많은 것을 나누고 얻게 되는 것만 보더라도, 작고 사소한 것의 힘이 얼마나 강한지 잘 알 수 있다.

나는 1년 중 상반기와 하반기 연 2회에 걸쳐 경제 흐름에 대한 메일을 고객들께 보내 드린다. 물론 어느 기관의 자료를 일방적으로 카피해서 전달하는 것이 아니라, 며칠 밤을 새우며 자료와 씨름하여 얻어 낸 내 고유의 의견을 보내 드리는 것이다. A4용지 두세 장 분량으로 섹션을 나눈 이 메일에 나는 글로벌 경제의 흐름과 주식 시장, 채권 시장, 부동산, 보험, 환율 등에 대한 나의 의견을 피력한다.

메일을 받아 보신 고객들 중에는 추가로 궁금한 사항을 문의하시는 경우도 있는데, 그때는 기꺼이 그분들에게 별도의 상담을 해 드린다. 물론 보험 이야기만을 하는 것은 아니다. 경제 흐름에 대한 내용을 정리하고 나름대로 예측 및 분석한 것을 들려드린다. 한두 시간에 걸쳐 이야기를 나누지만 그것을 준비하는 데는 몇 십 배의 시간이 걸린다. 그럼에도 불구하고 내가 기꺼이 그 일을 하는 것은 자산 시장의 변화 신호가 밀려오는 것을 고객들이 인지하고 있어야만 경제적이고 효과적인 대응 방안을 각자의 상황에 맞게끔 마련하는 데 도움이 되기 때문이다. 이 역시 작지만 아주 중요한 고객관리 중 하나다.

이러한 작고 사소한 노력들이 모이다 보면 그 파급 효과는 상당히 크게 나타난다. 처음에는 별것 아니다 생각하셨던 분들도 자산 시장의 변화 신호가 언론에 나오면 나에게 재차 문의를 해 오는 경우가 많다. 물론 나는 100년 만에 왔던 금융 위기 등을 100% 정확히 예측할 정도로 완벽한 전문가는 아니다. 하지만 고객들은 그들의 자산이 큰 흐름의 하향곡선을 그리지 않도록 조언해 주었다는 것만으로도 매우 좋아하신다.

이처럼 작고 사소한 일들 중에는 생각보다 큰 가치를 갖는 것이 많다. 때문에 크고 중요한 일 못지않게 작고 사소한 것에도 정성을 다한 사람들은 생각지도 못한 큰 이득을 얻게 되기도 한다. 반대로 작은 것이라 무시하며 소홀히 한 사람들은 큰 손해나 위험을 입는 경우도 있다.

"신도 이 배를 침몰시킬 수 없다(God himself could not sink this ship)"는 광고 문구로 그 위용을 뽐내던 '타이타닉 호'가 1500명이 넘는 엄청난 희생자를 발생시키며 침몰한 원인 역시 아주 작고 사소한 데 있었다.

타이타닉 호는 설계의 완벽함은 물론 군함에 버금갈 정도로 재질도 튼튼했으며, '떠 있는 궁전'으로 불릴 정도로 시설 또한 최고급이어서 당시로는 최신 기술의 집약체로 여겨졌다. 하지만 타이타닉 호는 첫 항해에서 해저 깊은 곳으로 침몰하는 참담한 비극을 맞게 된다.

수십 년의 세월이 흐른 후 침몰 원인을 분석한 결과는 사람들을 경악시키기에 충분했다. 원인은 다름 아닌, 단 1달러짜리 부품에 있었다. 선체를 조립할 때 사용한 '볼트'와 '리벳조인트'의 불량으로 엄청난 비극이 초래된 것이다.

우리네 인생에도 작고 사소한 일로 타이타닉 호의 비극처럼 황당하고 어이없는 사건들이 심심치 않게 벌어진다. 오래전에 상담했던 여성 고객의 경우 작고 사소한 것을 놓치는 바람에 참으로 안타까운 일을 겪었다. 당시 그분의 나이는 29살이었고, 결혼한 지 1년 정도 되어가는 새댁이었다.

그분은 맞벌이를 하는 까닭에 재테크에 대한 관심이 많았다. 그래서 늘 하는 질문이 "이번에 보너스 받은 것으로 ○○회사 주식에 얼마를 투자할까 생각 중인데, 전문가로서의 의견이 어떤지" 하는 것이었다.

그때마다 나는 제대로 된 종신보험이 우선이란 말씀을 드렸다. 젊은 나이에 돈을 아무리 많이 번다 해도 1년에 몇 천만 원, 혹은 몇 억 원씩 모은다는 것은 어려운 일인데, 만에 하나 덜컥 큰 병에라도 걸리는 날엔 모든 것이 허사라며, 일단은 안정장치를 먼저 마련한 뒤 투자는 차후에 생각해도 된다고 조언을 했다.

하지만 그분은 "나는 아직 젊고 건강하다"며 막무가내였다. 무조건 돈을 빨리 많이 모아야 집도 장만하고 나중에 태어날 아이도 제대로 교육시킬 수 있다는 생각이 강했다. 남편 되는 분도 그분과 생각이 다르지 않아서 종신보험은 필요 없다고 말했다고 한다.

"주식 개별 종목을 선택해 달라는데 그건 안 해 주시고 왜 엉뚱한 소리만 하세요? 종신보험만 팔려고 하지 마시고 고객이 원하는 개별 종목이나 빨리 선택해 주세요!"

그분은 자신의 요구가 받아들여지지 않자 불만 섞인 목소리로 나에게 짜증을 냈다. 나는 주식의 흐름은 설명할 수 있으나, 개별 종목 선정은 고객의 결정 사항이기에 어떤 경우라도 선정해 드리지 않는 것이 나의 원칙이라며 양해를 구했다.

"종목을 선택해 주는 것도 서비스 아닌가요?"

재테크의 기본 원칙 중 가장 중요한 것은 시간과 자금을 목적에 맞게끔 적절하게 분산해 놓는 것이다. 나는 그분을 만날 때마다 그런 말씀을 드렸지만 그것도 허사였다.

그러던 어느 금요일, 나는 평소처럼 고객들에게 보험금이 차질 없이 잘 지급되었는지 지급 현황을 체크하던 중 깜짝 놀랄 만한 것을 보게 되었다. 변액 상품 특약에 기타 보장성 특약도 같이 가입한 것이 아니라 암 특약만 최소 구좌로 가입하고 있었기에, 늘 제대로 된 종신보험 가입이 우선이라고 말씀 드릴 때마다, 병에 걸리면 돈으로 병원비를 결제하면 된다고 가입하지 않았던 그분이 자궁암 판정을 받아 진단 자금을 받은 것이다. 있어서는 안 될 매우 안타까운 일이었다. 게다가 고객분은 이제 겨우 20대 후반인데, 앞으로 점점 나이 들어가면서 발생될 수 있는 질병과 재해 등은 어떻게 해결할지도 걱정이 되었다.

돈을 모으는 것도 중요하지만 잘 지키는 것이 더 중요하다고 그렇게 조언했건만, 목돈을 마련하겠다며 작고 사소해 보이는 종신보험 가입을 하지 않다가 그만 큰일이 생기고 만 것이다. 이제는 암이 발생되어 어느 보험에도 가입이 안 되니 정말 많은 돈이 필요할 터인데 걱정이다. 나는 그분에게 이후 몇 번 전화를 드렸지만 전화를 받지 않았다. 안타깝지만 이미 가입 시기를 놓친 탓에 나로서도 어쩔 수 없는 일이라는 생각이 들었다.

차곡차곡 쌓아 올라가던 탑도 사고나 질병에 대한 안전장치가 없다면 와르르 무너져 버리는 것은 한순간이다. 사실 이런 안타까운 일은 위의 사례에 나오는 여성 고객만의 일이 아니다. 젊은 고객들에게 종신보험 가입을 권유하기는 생각보다 어렵다. 혈기왕성한 젊은 사람들이 입원하거나 수술하거나 암에 걸릴 확률은 나이 드신 분들보다는 낮기 때문에 필요성을 잘 느끼지 못하는 것이다.

그런데 이분들이 나이가 들어가면서 종신보험 가입의 필요성을 느낄 즈음엔 보험회사에서 이분들의 가입을 거절하는 경우가 생긴다. 이미 고지혈증, 고혈압, 당뇨 등의 질환이 진행되다 보니 가입할 수가 없는 것이다. 게다가 설령 질병을 앓고 있지 않다고 해도 나이가 들면서 보험을 이용할 확률은 높아져 보험료도 많이 올라

간다.

종신보험에 신규 가입하시는 분들을 살펴보면 20대는 5년, 30대는 4년, 40대는 3년, 50대는 2년 내에 평균적으로 한 번은 보험금을 지급하는 경우가 발생한다. 물론 이는 내가 조사한 자료들을 근거로 산출해 낸 평균일 뿐 통계에 나와 있는 정확한 수치는 아니다. 하지만 거의 맞아 떨어진다.

사실 이 정도면 빈도가 꽤 높은 편인데, 만약 종신보험에 가입하지 않은 사람이라면 많은 돈을 자신이 직접 해결해야 한다. 보험금으로 해결할 수 있는 것을 그동안 어렵사리 모아둔 목돈으로 해결해야 하니 이 얼마나 안타까운 일인가. 게다가 그 돈이 생활비나 노후자금으로 모아둔 돈이라면 안타까움이 더하다. 월 보험료 몇 만 원에서 몇 십만 원이면 위기에 대응할 수 있는 것을 몇 백만 원, 몇 천만 원씩 생돈이 들어가야 하니, 닥치고서야 필요성을 알게 되는 것이다. 더군다나 꼭 그럴 때는 목돈이 없다. 때문에 조금이라도 젊었을 때 보험을 들어 두면 보험료도 적게 내고 더 오랜 기간 보장받을 수 있으니 이보다 더 안전한 금융장치도 없다.

묵묵히 매순간
최선을 다하라

　매월 납입하는 보험료 금액이 높은 계약을 일명 고액 계약이라 한다. 보험을 하든 다른 사업을 하든 고액의 계약이 나오면 누구나 좋아하기는 마찬가지다. 단 한 건이 주는 이윤이 여러 건을 합친 것보다 더 크니 말이다. 그래서 이러한 고액 계약을 주로 하려고 하는 담당자들이 있다. 업계에서는 이들을 '사냥꾼'이라 표현한다. 이와는 반대로 적은 금액의 계약이라도 꾸준히 성사시키는 담당자를 '농사꾼'이라 한다. 그래서 '사냥꾼'과 '농사꾼'은 업계에서 서로 반대되는 말로 주로 사용된다.

　그렇다면 나는 사냥꾼인가, 농사꾼인가? 2만 원부터 5000만 원까지 다양한 폭의 월납 보험료 실적을 가지고 있는 나로서는 농사꾼도 되고 사냥꾼도 된다고 할 수 있다. 하지만 분명한 것은 나는 절대 사냥꾼의 방식으로 고객을 대하지는 않는다는 것이다.

총이나 칼을 들고 큰 산짐승들이 다니는 길목을 지키고 있다가 어느 순간 잡아 먹고사는 문제를 해결하는 것이 사냥꾼이 사는 방식이다. 반면, 농사꾼은 비가 오나 눈이 오나 바람이 부나 꾸준히 씨를 뿌린다. 새가 날아와 그것을 먹을 수도 있고 빗물에 씻겨 내려갈 수도 있겠지만 묵묵히 씨를 뿌리고 논밭을 가꾼다. 나는 하나의 씨앗이 열매를 맺기까지 여든여덟 번의 손이 가는 쌀농사의 수고처럼 많은 땀을 흘리는 농사꾼의 방식으로 일을 한다. 물론 생각지도 못한 고액 계약이 성사되기도 한다. 하지만 그것은 열심히 살아가는 것을 보며 하늘이 가끔 격려 차원에서 내려주는 선물일 뿐이다.

　사내 강의를 하는 경우에 동료 설계사들이 많이 하는 질문이 "어떻게 하면 고액 계약을 할 수 있냐?"는 것이다. 그럴 때마다 해 주는 말은 "고액을 하려고 쫓아가면 갈수록 고액 계약은 더 멀어진다"이다.

　사냥꾼이 제아무리 고성능 무기로 사냥감을 겨누고 있다 해도 사냥감이 먼저 사냥꾼을 발견하고 저 멀리 도망가 버리면 그날의 사냥은 실패할 수밖에 없다. 게다가 그런 일들이 매일 반복되다 보면 결국 사냥꾼은 굶어 죽을 수밖에 없다. 자기 주위에 있는 기존 고객부터 가망고객까지, 농사꾼의 심정으로 꾸준히, 그리고 열심히 일하고 있는 모습을 그들에게 보여 주는 것이 신뢰의 가장 큰 밑천이다. 그럴 때만이 납입보험료의 크고 작음을 떠나 '가장 좋은 고객'을 맞이할 수 있는 법이다.

'가장 좋은 고객'이란 계약을 하고 꾸준히 유지시켜 가며 새로운 필요 상품에도 가입하시는 분을 업계에서 일컫는 말이다. 그런데 '가장 좋은 담당 설계사'도 이와 다르지 않아야 한다. '가장 좋은 담당 설계사'란 고객에게 한결같은 모습으로 꾸준히 좋은 정보를 제공해 드리고 관리하는 설계사라 보면 된다. 우리가 좋은 고객을 알아보듯 고객들도 좋은 설계사를 알아본다. 그것만 안다면 사냥꾼으로 살아야 할지, 농사꾼으로 살아야 할지에 대한 답은 이미 나온 것이라 본다.

일을 하다 보면 고액 시장으로 진입을 준비하는 설계사들이 참으로 많이 보인다. 일반 시장이라는 데서 나름대로 성공을 거두고 고액 시장으로 진입을 하는 경우라면 걱정이 덜 된다. 그들은 농사꾼의 마인드를 갖추었기 때문이다. 하지만 그런 기본적인 마인드조차 갖추지 못한 상황에서 시장 변화를 꾀하는 것은 흡사 불나방과 같다 할 수 있다. 제가 타 죽는 것도 모르고 불빛을 향해 돌진하는 무모한 불나방 말이다.

고액 시장은 일반 시장과 확연한 차이를 보인다. 고액 시장은 우선 간결해야 한다. 왜냐하면 자산가들은 너무 복잡한 것은 싫어하는 공통점이 있다. 따라서 말이 많거나 사연이 복잡한 것보다는 핵심을 찌르는 몇몇 중요한 체크 포인트에 대한 준비가 제대로 되어 있어야만 계약이 성사될 수 있다. 그래서 많은 설계사들이 증여나 상속 등의 세법을 공부하는 데 많은 시간을 들이기도 하고 교육을 받기도 한다.

하지만 우리의 예상과는 달리 고액 자산가들은 증여 부분에 대해서는 크게 관심을 두지 않는다. 그분들의 대부분이 자수성가형인 관계로 자녀들에게 재산을 물려주는 것보다는 세상을 살아가는 지혜와 성실함을 깨우쳐 주는 것이 우선이라는 생각이 강하기 때문이다. 자식들에게 돈의 맛을 잘못 알게 했다가는 애써 일군 재산을 탕진할 수도 있고, 그로 인해 자식들이 나약해질 수도 있으며, 이것은 당신의 남은 노후마저도 엉망으로 만들 위험도 있다고 판단하는 것이다. 물론 시간이 지나면서 관심을 표명하기는 하겠지만, 당장의 증여나 상속보다도 자녀들이 올바르고 현명하게 삶을 살아가는 것에 관심을 두고 있는 것이다. 그런 분들한테 증여와 상속을 준비해 가서 말을 한다 해도 먹혀 들어갈 리가 없다.

한편 고액 시장에 진출해서 성공을 거두기 위해서는 무엇보다도 '신뢰'를 중요하게 생각해야 한다. 고액 시장에서는 법률적 지식이나 세법 등을 얼마나 많이 알고 있는지는 그다지 중요하지 않다. 자산가들은 재산을 이루는 과정에서 이미 많은 사람들에게 일정한 법률 및 세무 지식과 정보를 습득해 왔기에, 새삼스레 설계사가 법률적, 세무적 지식과 정보를 내민다 해도 그렇게 혹하지 않는다는 말이다. 오히려 자산가의 입장에서는 신뢰할 수 있는 담당자를 찾는 것이 더 중요한 고민거리이다.

언젠가 회사에서 VIP 고객을 위해 '효과적인 자산 이전 방법'이라는 주제와 사례로 세미나를 한 적이 있었다. 150명 정도의 고액 자산가들을 초청하여 개최하는 세미나이다 보니 회사에서 상당히 신경을 쓴다. 고객을 선정하는 기준은 여러 가지가 있겠으나, 고객분들 중에서 자녀들에게 자산을 이전하는 문제로 고민하시는 자산가들에 한해 각 지점별 한두 분 정도만 초청할 수 있었다.

나는 기존 고객의 아버님 되시는 분께 세미나 20일 전에 연락을 드렸다. 준비한 내용에 대해 말씀 드리고 참석 여부를 여쭈어 보았다. 연세가 일흔이 넘다 보니 평소 자산 이전에 대해 많은 고민을 하시던 그분께서는 처음에는 참석 가능하다고 말씀해 주셨다. 이후 회사에서는 몇 가지 준비 사항을 체크하는 모니터링 전화를 드렸다. 연세와 시력 및 테이블에 준비해 두어야 할 특별 준비물 등을 점검하기 위해서였다. 모니터링 시 고객들의 자리 배치 우선 순위 및 고객 정보를 회사에서 등록하기 위해 주민등록번호가 필요하여 아버님께 직접 전화 드리지 않고 고객이신 자제분한테 전화를 드려 알아보았다. 고객분께서는 주민등록번호를 알려주시면서, "아버지께서는 아마도 참석이 어려우실 거 같습니다"라는 말을 전해 주었다. 처음에는 참석하려 하셨으나 그사이 마음이 바뀌셨다는 것이다.

나는 아차 싶었다. 짐작건대 아버님은 당신이 그 자리에 참석한다는 것을 자식이 안다면 혹시라도 부모에게 기대는 마음이 생기게 될까 봐 마음을 바꾸신 것 같았다. 나는 이후 자제분과는 더 이상 세미나 건으로 연락을 하지 않았다. 대신 세미나를 5일 앞두고 다시 한 번 점검하기 위해 아버님께 직접 전화를 드렸다. 역시나 어렵다 하셨다. 그런데 불쑥 "행사가 몇 시에 시작되냐?"고 물어 오셨다. 나는 혹시라도 부담을 가지실까 싶어 참석할 것인지는 다시 여쭙지 않고 그저 시간과 장소만 다시 한 번 알려 드렸다. 그분은 "오후 5시가 행사이니 그날 오후 3시에 한 번 더 통화하자"고 하셨다. 참가는 그때 결정하겠다고 하시며, 더 이상 아무에게도 말을 안 했으면 좋겠다는 말씀을 덧붙이셨다. 나는 무슨 의미인지 충분히 알 수 있었다.

세미나 당일, 나는 새벽부터 세차장으로 향했다. 그동안 바쁘게 지내 온 관계로 세차를 못했는데, 어르신을 모시면서 그것은 도리가 아니었다. 나는 내부 청소만 장장 1시간을 했다. 혼자 탈 거라면 조금 덜 걸렸겠지만 어른을 모셔야 한다는 생각에 최선을 다해 닦았다. 평소 그분이 담배를 태우시는 것을 알았기에 뒤편 재떨이는 특별히 잘 닦았다. 또한 편의점에 들러 뒷좌석 팔걸이대에 생수 한 통도 따로 준비해 두었다. 그러고는 약속대로 오후 3시에 전화를 드렸다.

아버님은 마침 그동안 사용을 못했던 기술사 자격증을 갱신하기 위해 교육을 받던 중이라시며 4시 20분까지 교육장까지 오라고 하셨다. 나는 미리 교육장에 도착해서 기다렸고 아버님은 정확한 시간에 내려오셨다.

행사장까지 35분 정도 소요되었는데, 가는 시간 내내 아버님은 오늘 세미나의 주제인 자산 이전에 대한 당신의 생각을 말씀해 주셨다. 내 짐작대로 그분은 여러 가지 걱정을 많이 하고 계셨다. 홀로 자수성가하셔서 동년배들에 비해 꽤 많은 재산을 모아 두셨지만, 자식들이 그것을 잘 지켜 내고 잘 일구어 낼지가 염려스러웠던 것이다. 물론 자녀분들이 특별히 낭비벽이나 사행심이 있어서 재산을 탕진할 걱정을 하는 것은 아니었다. 그저 자식이란 늘 부모에게는 물가에 내놓은 어린아이처럼 걱정스러운 존재가 아닌가 싶다.

모시고 가는 동안 아버님의 말씀을 들으면서 나는 자연스레 우리 아이들이 떠올랐다. 정말 아버님 말씀이 하나도 틀린 게 없다는 생각이 들었다. 부모는 자식이 잘되기를 바라는 마음에 끼니를 라면으로 때우면서까지 학비를 밀어 준다. 그분도 늘 절약과 절제가 몸에 밴 채 생활하셨지만 자식 교육만큼은 돈을 아끼지 않으셨다고 한다. 게다가 자녀들이 결혼을 할 때도 적지 않은 돈을 지원했는데, 결과는 그리 만족스럽지 못하다고 하셨다.

자식들은 내심 "이왕 주실 거 좀 더 일찍 주시면 얼마나 좋아"라고 생각하겠지만, 아버님 입장에서는 어머님과의 남은 노후도 걱정해야 하고, 자녀들이 잘못하여 재산을 날릴 경우도 생각해야 했다.

"사실 그래서 내가 여태껏 묵혀 두었던 기술사 자격증도 다시 갱신한 거야."

일흔이 넘은 나이에도 불구하고, 만약 다시 일을 해야 할 상황이 발생되면 기꺼이 일을 하시겠다는 어르신의 성실한 태도는 정말 한참이나 젊은 나로서도 크게 배울 만한 점이었다.

행사장에서는 1부와 2부로 나누어 자산 이전의 효과적인 방법에 대한 세미나가 진행되었다. 우리나라에서도 손꼽힐 만한 전문가분들이 강사로 나오셔서 일일이 실사례를 들어 가며 알아듣기 쉽게 강의를 잘해 주셨다. 강의가 진행되는 동안 아버님은 여느 고객들과는 확연히 차이가 날 만큼 집중하시는 모습이었다.

"오늘 세미나 들어보시니 어떠셨어요?"

나는 세미나를 마치고 집으로 모셔다 드리며 아버님께 여쭈어 보았다.

"좋았어. 그런데 이미 당신한테 다 들은 이야기잖아."

"그래도 혹시 부족한 부분이 있으시면 말씀하세요. 오늘 강의한 세무사님이 꽤 유명한 분이신데, 아버님이 원하신다면 함께 의견을 나누실 자리를 마련해 보도록 하겠습니다."

회사에 LION급 고객들에게 별도의 세무 자문 서비스를 해 드리는 시스템이 있기에 말씀 드렸던 것이다.

"아니, 됐어. 은행에서도 지점장들이 세무사나 변호사를 소개시켜 준다고 하는데 내가 믿지를 못하겠어. 사실 다 거기서 거기지 뭐."

"아버님, 그래도 듣는 세미나와 직접 상담하는 것과는 차이가 있을 수 있습니다."

"아니 됐다니깐. 난 당신이 해 줬으면 좋겠어."

생각지도 못한 아버님의 말씀에 나는 몸 둘 바를 몰랐다. 아버님은 오랜 시간 지켜본 내 모습에서 성실함을 엿보았고, 그것이 곧 신뢰로까지 이어졌다고 나에게 말씀해 주셨다. 나는 어르신의 말씀에서 불현듯 '소의 걸음으로 만릿길을 간다'는 '우보만리牛步萬里'가 떠올랐다. 묵묵히 당신의 길에서 최선을 다해 살아 오신 어르신의 눈에는 우직하게 씨를 뿌리며 여든여덟 번의 손길을 아끼지 않는 농사꾼이 보였던 모양이다. 참으로 감사한 일이 아닐 수 없다.

50만 원의
기쁨과 통증

언젠가 인터넷에 떠돌던 발레리나 강수진 씨와 박지성 선수의 발 사진을 본 적이 있다. 수많은 상처와 굳은살, 심지어는 심하게 변형된 발가락까지, 그들이 최고의 자리에 오르기 위해서 얼마나 힘든 그 통의 순간을 견뎌 냈는지 짐작하고도 남음이었다.

여느 스케이트 선수에 비해 그나마 낫다는 김연아 선수의 발 역시 고통과 인내의 흔적을 피해 갈 수는 없었다. 하지만 시퍼렇게 멍들고 굳은살이 박인 발, 부상의 고통을 견디기 위해 등과 배에 압박 테이프을 칭칭 감고서까지 연습을 감행하던 열정이 있었기에 김연아 선수는 세계 최고의 피겨스케이트 선수라는 지금의 이 영광을 얻은 것이 아닌가 한다.

나 역시 이들처럼 누구 못지않게 열정적으로 일했던 영광의 흔적이 몸에 있다. 몇 년 전, 고객을 만나 악수를 하기가 힘들 정도로 어깨가 망가진 적이 있었다. 물론 지금도 완전히 그 통증이 사라진 것은 아니다. 하지만 이 역시 내겐 너무나 영광스러운 고통이기에 기꺼이 즐기려 한다.

　회사에 입사했을 때 나누어 주는 것이 있었다. 일명 007가방이었다. 하단과 손잡이에 회사 마크가 찍혀 있는 가방으로 자체 무게만도 상당히 나갔다. 그런데 교육을 받고 활동을 시작하면서 필요한 자료가 많아지다 보니 무게가 점점 늘어나기 시작했다. 일부 설계사들은 당장 만날 약속이 있는 고객에게만 필요한 자료를 가지고 활동을 하는데, 나는 누구를 언제 어떻게 만날지 몰라 상품 설명에 필요한 모든 자료를 가방에 넣어 가지고 다녔다. 직접 정리한 경제 기사 자료부터 회사 상품 브로슈어까지 고객들께 말씀드리면 좋을 것 같은 자료를 매일 챙기다 보니 가방은 점점 더 무거워졌다. 덕분에 노트북만 넣고도 5kg 정도였던 가방의 무게는 시간이 지나면서 10kg이 넘게 되었다. 그만큼 나는 고객들에게 자료를 하나라도 더 보여 드리고 싶었다.

　가방이 무거워서 그랬던지 어느 날부터는 가방을 들면 어깨가 너무 아파 왔다. 그런 데다 밤늦게까지 똑같은 자세로 파워포인트 자료를 만들다 보니 어깨가 혹사를 했는지 이젠 가만히 있어도 어깨가 아플 정도로 고통이 심해졌다. 파스를 붙이고 아내가 두드려 주고 했지만 별 차도가 없었다. 시간을 내서 병원을 찾았지만 어깨가 너무 피로해서 그러니 쉬라는 말밖에는 별다른 처방이 없었다.

그나마 물리치료라도 받았으면 싶었지만 시간을 내기가 힘들었다. 연말이 다가오는 데다 LION이라는, 회사 자체 설계사에게 주어지는 최고의 영예 타이틀까지 걸려 있는 시기였다. 나 자신에게 좀 더 떳떳하고 싶기도 했고, 고객들께도 LION급의 담당자가 되어 드리고 싶었다. 그리고 가족들에게도 든든한 남편, 자랑스러운 아빠가 되고 싶었다.

LION은 3년 전만 해도 달성 규정이 지금보다 훨씬 더 까다로웠다. 그때에 비하면 지금은 건수와 금액, 그리고 유지율이 많이 낮아졌다. 물론 지금도 여전히 쉽게 달성할 수 없는 영역이기는 하지만 말이다.

나는 LION이 되기 위해 정말 열심히 했다. 가방의 무게가 보통이 아닌 것 같다며 고객들이 종종 내 가방을 직접 들어 보시는데, 그럴 때마다 매번 입을 다물지 못할 정도로 크게 놀라신다. 심지어 어떤 분은 "이렇게 무거운 가방을 들고 다니는 자체만으로도 믿음이 간다"며 선뜻 고객이 되어 주신 분도 계셨다.

하루하루 날이 지나고 마침내 마감이 임박했다. 그런데 문제가 발생했다. 오른쪽 어깨에 오십견이 온 것이다. 팔을 들을 수도, 고객들과 악수를 할 수도 없을 정도로 통증이 심했다. 얼마나 통증이 심한지 칼로 어깨뼈를 쑤시는 것처럼 고통스러웠다. 병원에 갔더니 너무 심하게 상처가 났다고 했다. 근육이 일부 찢어지고 뼈에 석회가루 같은 것까지 있다는 것이다. 무조건 쉬라고 했다. 하지만 그럴 형편이 아니었다. 평소에도 짬을 내기가 쉽지 않은데, 더군다나 마감을 앞두고 쉬라니!

"몇 년 만에 주어진 LION 도전인데……."

나는 절대 포기할 수 없었다. 팔을 움직이지 않고 있어도 통증이 심하게 왔지만, 나는 어떻게든 목표를 달성하기 위해 몸을 움직여야 했다.

마감 이틀 전, 50만 원의 실적이 부족했다. 그런데 점심시간에 고객이신 이태윤 님께서 전화를 주셔서는 어깨는 좀 나았는지 물으셨다. 내가 오십견으로 고생하는 것을 알고 계셨던 것이다.

"네, 여전히 그 상태네요. 걱정해 주셔서 고맙습니다."

나는 내 어깨 때문에 일부러 그런 전화를 주신 것이 무척이나 고마웠다. 그런데 이태윤 님이 뜻밖의 말씀을 하셨다. 본인은 이미 나에게 재무설계를 받아 필요한 상품에 가입했기에 추가로 가입하기는 힘들지만 대신 가망고객이 될 만한 사람을 알아봐 주겠다고 하셨다. 말씀만으로 힘이 나는 것 같았다.

오후 5시. 이태윤 님이 정말 해피콜을 주셨다. 너무나 고마워 전화기에 대고 인사를 몇 번이나 거듭 했다. 가망고객은 대전에 계신 분이셨다. 어깨가 너무 아파서 대전까지 운전해서 가는 것이 걱정되었지만 망설일 짬이 없었다. 밤 10시에 약속이 잡혀 나는 우선 집에 들러 이른 저녁을 챙겨 먹었다.

아내는 걱정이 되는지 같이 가겠다고 나섰다.

"아빠, 나도 같이 갈래요."

딸아이도 아빠가 걱정된다며 함께 가겠다고 했다. 내가 말릴 짬도 없이 두 사람은 서둘러 차에 올라탔다.

진통제를 먹고 출발했지만 대전으로 내려가는 동안 통증이 너무 심해 휴게소에 몇 번이나 차를 세워야 했다. 그렇게 겨우겨우 가망 고객분의 아파트에 도착했다. 차에서 내린 후 양복 재킷을 걸쳐야 하는데 팔을 올릴 수가 없었다. 아내가 얼른 재킷을 입혀 줬다.

"아빠, 파이팅!"

아내와 딸아이는 두 사람은 알아서 시간을 보낼 테니 걱정 말고 다녀오라고 했다. 나는 딸아이의 응원 소리를 뒤로하고 서둘러 고객의 집으로 향했다.

"어휴, 대전까지 오시느라 고생이 많으셨죠?"

고객께서는 먼 길 오느라 수고했다며 악수를 하시는데, 어찌나 세게 흔드시는지 나도 모르게 입에서 비명이 튀어나올 뻔했다.

집에는 고객님의 어머니며 여자 친구까지 상담을 하기 위해 기다리고 있었다. 늦은 시간이었지만 나는 노트북을 펼쳐 놓고 열정적으로 상담을 했다. 등줄기에서는 통증으로 식은땀이 흘러내리고 있었다. 세 분을 상담하느라 시간은 자정을 훌쩍 넘겼다. 드디어 결정의 시간이 되었다. 세 분이서 잠시 따로 이야기를 나누신다며 방으로 들어가셨다. 나는 그분들을 기다리는 동안 "제발" 하고 빌며 손을 모았다. 깜깜하고 낯선 곳에서 아빠를 응원하고 있을 어린 딸아이와 아내를 위해서라도 반드시 계약을 성사시켜야만 했다.

"50만 원 하겠습니다."

계약이 성사되었다. 그것도 내가 그토록 간절히 기도하던 "50만

원"으로! 내 간절함이 하늘에 닿아 그분들의 마음을 울린 모양이라며 나는 어깨의 통증까지도 잊은 채 그분의 손을 덥석 잡았다.

"고맙습니다!"

나는 진심으로 그분들께 감사의 인사를 드렸다.

춥고 깜깜한 겨울밤, 멀리 대전의 낯선 아파트 주차장에서 아내와 딸아이가 아빠를 기다리는 모습이 보였다. 아내는 벤치에 앉아 딸아이의 어깨를 감싸 안고 있었다. 그러고 보니 밖이 제법 추웠다. 나는 가방을 양손에 부여잡고 아이와 아내를 향해 뛰었다. 어쩐 일인지 바위처럼 무겁던 가방이 솜털처럼 가볍게 느껴졌다. 나를 응원하는 가족이 있고, 나를 도와주시는 많은 고객분들이 있어 몸의 통증마저도 잊어버린 어느 겨울밤이었다.

아버지의 길을
따르려 하는 아들

　젊은 아가씨들 중에는 의외로 명품을 즐기는 사람이 많다. 어설 픈 것 10개보다 제대로 된 것 하나를 갖고 싶다는 마음에 월급을 아 끼고 아껴 명품을 장만한다는 것이다. 이마저도 여의치 않으면 명 품의 흉내를 낸 제품, 일명 짝퉁이라 불리는 가짜도 즐겨 찾는다. 그런데 이렇게 명품을 선호하는 이유가 제품의 우수성 때문이라면 이해할 법도 하지만, 가격이 비싸다는 이유로 무조건 소장하고 보 자는 심리라면 다소 염려스럽기도 하다.

　사실 명품은 가격을 떠나 장인의 영혼이 깃든 뛰어난 물건 또는 작품을 일컫는 말이다. 명품으로 알려진 제품 중 상당수가 우리가 쉽게 상상할 수 없을 정도의 많은 공정, 까다로운 검사를 거친다. 물론 그 과정에서 장인의 섬세한 손길 또한 빠질 수 없다. 오죽하 면 30년 가까이 구두에 사용될 가죽만 자르는 장인이 다 있을 정도

일까.

그런데 해외에는 이름난 명품이 많이 있으나, 우리나라에는 아직 내놓을 만한 명품이 많지 않다. 물론 요즘에는 점차 브랜드의 인지도를 높여 명품의 반열에 들어가는 제품들이 느는 것도 사실이다.

몇 해 전 회사에서 직원들과 함께 호주에 갔을 때, 호텔 룸에서 우리의 'LG' 로고가 새겨진 TV를 보고는 알 수 없는 전율을 느꼈다. 명품이다 아니다를 떠나 상당히 기분이 좋았다. 다음 날 저녁에는 하드락카페에서 식사를 하고 밖으로 나와 길에 주차된 '현대자동차'를 보게 되었다. 비록 조금 오래된 모델이긴 했지만 그래도 가슴 뿌듯한 광경이었다. 우리의 자동차가 호주를 누비고 다닌다는 것은 호텔 방의 TV보다 더 감격스러운 일이었다.

더 많이 더 자주 보여 주면 좋겠지만, 그래도 이게 어디냐 싶었다. 집 떠나면 모두 효자고, 나라 떠나면 모두 애국자라더니 그 말이 딱 맞았다. 우리나라 제품만 봐도 이렇게 좋고 이렇게 뿌듯하니, 우리나라에서 세계적인 명품이라도 탄생한다면 그 기분이 어떨까 싶었다.

그날 밤, 호텔 방에 누워 '최고'라고 부르는 것이 당연한 듯한 '명품'과 '장인'에 대해 생각하던 나는 불현듯 여전히 '보험쟁이'로 불리는 나 자신에 대해 생각하게 되었다. 내가 얼마나 열심히 하든, 내가 얼마나 성공하든, 그것과는 무관하게 사람들은 여전히 나를 '보험쟁이'로 부르고 있었다.

사실 '쟁이'라 하면 어감이 그다지 좋지는 않다. 쟁이는 '그것이 나타내는 속성을 많이 가진 사람의 뜻을 더하는 접미사'라고 사전에 나와 있지만, 비슷한 뜻으로 사용되는 '장이'와 비교해 볼 때 확실히 비하하는 의미가 강함을 알 수 있다. 그렇다면 결국 '보험쟁이'는 보험업을 하는 사람을 비하하여 나타내는 말이라 할 수 있다.

오래전 보험업으로 직업을 바꾸려 할 때 아내가 했던 말이 자꾸 떠올랐다. "보험쟁이 마누라." 아내는 보험쟁이 마누라가 되는 것이 두렵다고 했다. 나는 보험인이 된 이후로 늘, 아내에게 어떻게 하면 좀 더 좋은 말을 듣게 해 주고, 고객들에게 좀 더 좋은 이미지로 다가설 수 있을까를 고민해 왔다.

내가 찾은 해답은 일을 단지 생계의 수단이 아닌, 내가 가야 할 '길'이란 생각으로 임해야 한다는 것이다. 그러기 위해서는 성실함과 전문성, 그리고 사명감 등을 갖추고 나 스스로도 나의 일을 자랑스럽게 생각해야 했다. 그때 비로소 '쟁이'를 떼어낼 수 있을 터였다.

인부 세 명이 벽돌을 쌓고 있는데, 어떤 이가 다가와서 뭘 하는지 물었다고 한다. 그러자 첫 번째 인부는 "보면 몰라요? 벽돌을 쌓고 있잖아요"라고 투덜거리며 대답했고, 두 번째 인부는 "높은 빌딩을 짓고 있어요"라며 웃으며 대답했다.

그렇다면 세 번째 인부는 뭐라고 대답했을까? 웃음으로도 모자라 노래까지 흥얼거리며 일을 하던 그는 "우리는 지금 도시를 건설하는 중입니다"라고 말했다고 한다. 똑같이 벽돌 쌓는 일을 하는 세 사람이지만 그들은 각기 다른 마음으로 일을 하고 있었다. 한 명은 그저 벽돌을 쌓는 인부로, 또 한 명은 빌딩을 짓는 건축가로, 나머지 한 명은 도시를 건설하는 건설가로 벽돌을 쌓고 있었던 것이다.

10년이 지난 뒤 그들은 어떻게 변해 있었을까. 첫 번째 인부는 10년 후에도 여전히 공사장에서 벽돌을 쌓는 일을 하고 있었고, 두 번째 인부는 건물의 설계도를 제작하고 건축을 지휘하는 건축가가 되어 있었다. 그리고 세 번째 인부는 그들을 고용한 사장이 되어 있었다.

원대한 꿈을 꾸는 것도 중요하지만, 더 중요한 것은 지금 자신이 하고 있는 일에 원대한 의미를 부여하는 것이다. 앞서 말했듯이 나 역시 보험을 파는 사람이 아닌, 고객들의 꿈을 이루게 이끌어 주고 그것을 지킬 수 있게 조력하는 'DREAM SALE'을 하는 사람이라 생각한다. 또한 장이가 되든 쟁이가 되든 나는 단지 일과 관련된 기술을 습득하는 사람으로 머무를 것이 아니라, 언제나 고객들과 함께 동고동락하는 명품 설계사로 남고 싶다.

내가 명품 설계사가 되어야 하는 이유가 또 한 가지 더 있다. 바로 우리 큰아이가 아버지가 간 길을 함께 가고 싶어 하기 때문이다. 나는 그 길을 먼저 가는 선배로서 올바르고 모범적인 모습을 아이에게 보여 주고 싶다. 모든 사람이 갖고 싶어 하는 우수한 품질의 명품처럼 제대로 된 설계사가 된다면 아이에게 더욱 당당하고 떳떳한 아버지, 그리고 선배가 될 수 있는 것이다.

아이가 중학교 3학년에 올라가던 어느 날, 나는 아이의 책상에서

학교에 제출하는 자기 신상명세서를 보게 되었다. 장래희망을 적는 난이 있었는데, 아이는 아주 구체적으로 자신의 진로를 설정해 놓고 있었다. 아이는 대학에서 금융 및 경제 경영 관련 학문을 전공하고, 졸업 후 기업 분석가인 애널리스트로 10년 정도 활동하고, 30대 후반이 되면 아빠의 보험 및 자산관리사의 일을 물려받아 평생 직업으로 삼고 싶다는 것이다.

사실 큰아이는 중학교 1학년 때부터 학교에 제출하는 장래희망에 아빠와 같은 직업을 적었다. 하지만 나는 '시간이 지나면서 다른 직업을 생각하겠지'라며 대수롭지 않게 여겼다. 그런데 장래희망이 바뀌기는커녕 시간이 흐르면서 오히려 점점 더 직업에 대한 확신을 얻어 가고, 그것을 구체적으로 계획하고 있었다. 아이는 어느 대학에 갈 것인지, 졸업 후는 어느 대학원을 갈 것인지, 그리고 그 직업을 위해 미리 체험해 두어야 하는 아르바이트에는 어떤 것이 있는지도 종종 체크하는 것 같다. 참으로 놀랍고 대견스러운 일이었다.

나는 가끔 아이의 학원 수업이 마칠 때를 기다렸다가 아이를 데리러 가곤 한다. 학원에서 운행하는 버스를 타고 돌아오면 시간이 훨씬 더 늦어지기도 했지만, 무엇보다도 아이와 함께 차를 타고 오며 이런저런 이야기를 나누는 것이 참 좋았다.

아이는 "아빠, 오늘은 어느 고객분들을 만나셨어요?" "그분들과 어떤 대화를 나누었어요?" "그런 분들께는 어떻게 해 드려야 되요?" 등의 질문을 끊임없이 한다. 미래의 직업에 대해 관심을 갖는 것을 넘어 자신이 미리 준비를 할 수 있는 것은 준비를 해 두겠다는 생각에서다.

뿐만 아니다. 아이는 경제 뉴스 중에서 이해가 안 가는 부분을 질문하기도 한다. 특히 몇 년 전부터는 우리나라 베이비부머들의 은퇴 시 자산 시장의 변화에 대해 유독 관심을 많이 가지기 시작했다.

"왜 그렇게 그 부분에 관심이 가냐?"고 물어보니 자기가 아빠와 같이 활동하는 시점인 20년 뒤면 우리나라에서 베이비부머들이 은퇴하여 자산 시장이 크게 변화할 것이기에 미리 알아 두고 싶다는 것이다. 그래서 대학에 다니면서 그 부분에 더욱 깊이 있게 연구하겠다고 한다. 그리고 내가 환율에 대한 공부를 할 때는 아이도 어깨 너머로 바라보며 환율에 관심을 나타낸다. 나는 종교 전쟁이 전쟁사의 처음이었다면, 아마도 마지막 전쟁은 경제적으로 싸우는 환율 전쟁이 아닐까라는 생각을 가지고 있다. 그래서 짬짬이 환율을 공부하는 것인데, 아이도 덩달아 환율 공부를 시작했다.

나와 아이의 관심사가 같다 보니 부자지간에 나누는 대화도 경제 이야기가 주를 이룬다. 다른 집에서는 잘 볼 수 없는 이색적인 광경이기도 한데, 경제적 지식을 쌓는 것 외에도 가족끼리 즐겁게 대화를 나눌 수 있다는 일거양득의 효과가 있다.

1년 전쯤 한 고객이 지방에서 결혼식을 올렸다. 평소 아빠가 고객들의 경조사를 챙기는 것을 잘 알고 있는 아이는 자기도 참석하고 싶다고 말했다. 아이를 학원에서 데려올 때 그 고객과 남편 되실 분에 대해 이야기를 들려주었던 적이 있는데, 아이는 그렇게 열심히 살아가는 분들에게 미리 인사 드리고 싶다는 것이었다. 나는 두 분의 결혼도 축하해 주고 또 아이에게도 그분들과 미리 인사를 나눌 기회를 주는 것도 좋겠다 싶어 학원 수업을 조정하여 결혼식에 함께 참석했다.

결혼식을 마치고 집으로 돌아오는 길, 나는 아이에게 직접 그분들을 만나 뵈니 어땠냐고 물었다. 아이는 설레고 기분이 좋았다며, 나중에 그분들이 아기를 낳으면 자기가 그 아기의 담당자가 되어 잘 관리해 주고 싶다고 했다. 또 아이는 나에게 좀 더 구체적인 주문도 한다. 돈이 많고 적고를 떠나 우선은 열심히 살아가는 젊은 고객들을 많이 확보해 놓으라는 것이다. 그래야 자기가 대를 이어서 훌륭한 가문을 만드는 일에 일조를 할 수 있다는 것이다.

쟁이면 어떻고 장이면 어떤가? 남들보다 조금 더 열심히 살아가는 모습에 나의 아들은 그 아비를 롤 모델로 삼아 대를 이어 업을 물려받겠다 하니 참으로 감사한 일이다. 게다가 아들은 그 가업을 더욱 크게 번성시킬 계획까지 세워 두었다. 나는 그것이 어떤 계획이든, 설령 이루기 힘든 계획일지라도 무조건 꿈꾸라고 했다. 그리고 약속했다. 아낌없이 지원하겠노라고. "위대한 생각을 키워라. 사람은 자신의 생각보다 더 위대해질 수는 없기 때문이다"라던 영국의 정치인 벤저민 디즈레일리의 말처럼 꿈은 일단 원대하고 볼 일이다. 그것을 이룰 수 있고 없고는 차후 노력하기에 달렸다. 물론 어린 시절부터 차곡차곡 준비를 잘해 나가는 것만 보더라도 아들은 분명 그 꿈을 이룰 수 있을 것이다.

게다가 아이가 꾸는 꿈의 근저에는 인간에 대한 사랑이 깊이 깔려 있기에 나는 누구보다도 아이의 꿈을 응원한다. 고객을 먹잇감으로 보는 것이 아니라, 위하고 섬겨야 하는 대상, 이해하고 사랑해야 하는 대상으로 여기고 있다는 점에서 아이는 진정한 명품 설계사가 될 자질이 엿보인다.

언젠가 고객 중 한 분이 생활고를 비관하여 자살한 일이 있었다. 나는 곧장 그분의 장례식장이 있던 지방으로 내려갔다. 그런데 그날 새벽녘까지 아이는 잠을 안 자고 나를 기다리고 있었다.

"피곤할 텐데 자야지. 왜 안 자고 있어?"

"아빠도 걱정되고, 돌아가신 분이 누군지는 몰라도 너무 마음이 아파서 잠이 안 와요."

"그래, 아빠도 마음이 아프다."

남의 아픔을 헤아릴 줄 아는 감정과 가슴을 가진 것이 참으로 대견했다. 그리고 진정으로 고객을 위하는 명품 설계사가 될 수 있겠다는 생각에 내심 안심이 되기도 했다.

명품 설계사 아버지와 명품 설계사 아들. 대를 이어 고객들의 꿈과 희망을 설계하고 지켜주는 명품 부자의 탄생은 그야말로 우리 가문 최고의 영광이 아닌가 한다.

이보 전진을 위한
일보 후퇴

　피아노를 배우는 딸아이 덕분에 나는 종종 집에서 피아노 연주를 듣게 된다. 물론 뛰어난 솜씨는 아닌지라 중간에 뚝뚝 끊어지는 일이 잦다. 하지만 끝까지 포기하지 않고 곡을 연주해 낸 후 딸아이는 여느 피아니스트 못지않게 환희로 가득 찬 미소를 짓는다. 아직은 배우는 입장이라 그런지 잘하는 것보다는 끝까지 해냈다는 것에 충분히 만족하고 제 스스로도 대견해 한다.

　딸아이의 연주를 듣고 있자니 우리네 인생사가 느껴지는 듯하다. 하나의 곡을 처음부터 끝까지 연주해 내기 위해 열심히 노력하지만, 뜻하지 않게 실수도 하게 되고 그로 인해 곡이 잠시 끊기기도 한다. 하지만 이내 피아노 연주는 이어지고, 최선을 다해 끝까지 연주해 내는 동안 실수는 줄어들고 실력은 점점 향상된다.

　중국 당서唐書 배도전裵度傳에 나와 있는 말 중에 "한 번 이기고 한 번 지는 것은 병가에서 늘 있는 일이다"라는 뜻의 "一勝一敗 兵家常事일승일패병가상사"라는 것이 있다. 당나라 황제가 싸움에 지고 온 배도를 위로한 말에서 유래된 것으로 "한 번 이겼다고 우쭐해서도 아니되고 또 패했다고 해서 낙담하고 포기해서도 아니되며, 자고로 사람은 승리에 겸손하고 실패했을 때 포기하지 않고 미래를 준비하는 용기가 필요하다"는 깊은 뜻이 담겨 있다.

어떤 일이든 마찬가지겠지만 보험일 역시 내가 열심히 하는 것과는 무관하게 결과는 그리 만족스럽지 못하거나 심지어 실망스러울 때도 있다. 그때마다 실망하기보다는 연주가 잠시 끊어진 것뿐이라 생각한다. 프로가 되어 가는 과정에서 실수나 실패는 있을 수 있는 일이며, 그것을 디딤돌 삼아 더욱 도약하는 사람만이 성공의 열매를 거머쥘 수 있기 때문이다.

보험을 비롯한 금융 분야는 업무의 성격상 작은 실수도 큰 손해로 이어질 수 있기에 평소 모든 면에서 꼼꼼하게 체크해야 한다. 그럼에도 불구하고 예상치 못한 곳에서 실수가 일어나게 되면 크게 긴장할 수밖에 없다.

내가 몸담고 있는 회사는 크게 보험과 자산운용사, 그리고 은행으로 이루어진 글로벌 금융기업으로, 그중에서 나는 보험 부문과 자산운용사 부문에서 활동하고 있다. 물론 이 분야에서 활동을 하기 위해서는 대외기관의 라이센스를 반드시 취득해야만 한다. 고객의 소중한 자산의 투자를 상담하고 권유하는 것이기에 라이센스 없이 활동하는 것은 간접투자자산운용업법에 저촉이 될뿐더러 고객을 기만하는 것이기 때문이다.

펀드는 투자 유형에 따라 크게 주식형, 채권형, 혼합형으로 나눌 수 있고, 투자 지역에 따라 아시아, 라틴아메리카, 선진국 이머징마켓 등 세부 지역으로 나뉘어 많은 상품들이 있다. 따라서 일일이 상품의 특성 및 운용상의 방법 등을 담당자가 숙지하고 이해하고 운영하는 방법을 잘 알고 있어야 한다. 하지만 그것들을 잘 알고 있다 해도 펀드 변경 및 환매 타이밍을 잘 잡지 못한다면 그 의미가 줄어들 수 있다. 물론 신이 아닌 이상 타이밍을 정확히 맞출 수 없지만, 최대한 그것을 예측할 수 있어야 고객의 이익을 극대화하고 손실을 최소화할 수 있다. 이것이 내가 공부와 연구를 게을리할 수 없는 이유 중 하나다.

나는 긴 안목에서 길고 넓고 세밀하게 바라보자는 마음가짐으로 경제 상황을 매일 체크하고 의문이 가는 것은 수시로 거듭 체크한다. 특히 미국의 다우존스와 나스닥 지수는 매일 새벽까지 체크하는 것이 일상이 되었다. 뛰어난 많은 전문가 그룹의 세미나를 비롯해 각종 자료 역시 수시로 챙겨 본다. 이렇게 매일 세계의 경제 상황을 체크하다 보면 상황을 파악하는 것은 물론이고 어느 정도의 예측 능력까지 생기게 된다.

경기 흐름에 변동 요인이 될 수 있는 상황이 벌어질 때마다 나는 고객들에게 메일로 나의 소견을 정리하여 보내 드린다. 하지만 매번 그 긴장감은 이루 말할 수 없다. 나를 믿고 자산을 맡겨 주신 고객들에 대한 최소한의 도리라 생각하며 정보를 수집하고 분석하고 정리하여 만든 정보가 만에 하나 틀린다면 어쩌나 하는 걱정을 안 할 수가 없기 때문이다. 최종 결정은 언제나 고객이 하는 것이지만 적어도 그 결정에 나의 의견이 영향을 미칠 것임을 알기에 더욱 신중을 기해 분석하고 연구해야 한다.

다행히도 대부분의 예측들이 맞아 들어가서 고객들은 종종 정보를 줘서 고맙다 하시며 감사와 격려의 전화를 주신다. 이런 날이면 밤새 정보를 분석한 탓에 몸은 금방이라도 무너질 듯 피곤하지만 마음만큼은 더없이 뿌듯하다.

그런데 이런 칭찬과 격려와는 별개로 한순간의 작은 실수로 인해 마음이 위축되고 의기소침해질 때도 있다. 어느 날 고객분에게서 한 통의 전화가 걸려 왔다. 지인으로부터 소개 받아 고객으로 모신 지방 고객분이었다. 그분은 "지난번에 펀드 변경을 했는데 왜 변경이 안 되었냐"고 항의를 하셨다. 나는 그분께 "지금 주가가 폭락하고 있으니 펀드를 주식형으로 전환하여 매수를 하는 게 어떻겠냐"는 소견을 드린 적이 있었다. 기준가가 내려갔을 때 꾸준히 주식을 매수했다가 주식이 기대수익만큼 오르다 내려가는 다음 시점에 안전자산으로 수익률을 이동 보관하는 것을 안내해 드린 것이다.

그때 그분은 인터넷으로 펀드를 변경했다고 전화를 주셨다. 펀드 변경은 고객분이 직접 하는 것이라서 나는 당연히 펀드 변경이 되었을 것이라 여겼다. 그런데 그분이 "오늘 다시 인터넷에 들어가 보니 전에 주식형으로 펀드 변경을 신청했던 것이 안 되어 있다"고

하시는 것이었다. 당혹스러웠다. 고객께서는 "전에 주식형으로 펀드를 변경했다고 했는데 변경이 안 되어 있어 더 많은 수익률을 올릴 수 있었는데 그렇게 되지 못했다"며 화를 내셨다.

나는 무조건 죄송하다며 사과를 드리고는 즉시 확인한 후 전화를 드리겠다고 했다. 전산을 체크해 보니 어찌 된 영문인지 펀드 변경이 반영되지 않은 상태였다. 고객께서는 분명히 전에 펀드 변경을 하셨다 했는데 말이다. 확인할 방법이 전산 이외는 없다 보니 나역시 답답했다. 고객분께 전화를 드리려던 차에 다시 전화가 왔다. 나는 자초지종을 말씀 드렸다. 당연히 고객분께서는 화를 많이 내셨다. "고객이 펀드를 변경했다면 담당자가 다시 한 번 확인했어야지 왜 확인을 안 했나? 소개자한테 잘하는 분이라고 소개를 받아 믿고 맡겨 놨더니만 어떻게 제2, 제3의 확인 작업을 안 하는 거냐?"는 것이다.

입이 열 개라도 드릴 말씀이 없었다. 구구절절 다 맞는 말이었다. 담당으로서 펀드 변경일 5일 이후부터는 체크를 해 드렸어야 하는데 그것을 놓친 것이다. 기존에 펀드 변경을 해 보신 고객들은 변경이 된 것을 인터넷으로 직접 확인 후 전화를 다시 주시기에 그때 메모를 해 놓고 내가 재차 그것을 확인한다. 그런데 펀드 변경을 처음 해 보시는 고객분이라 그런 과정을 잘 모르신다는 것을 깜빡 놓쳤던 것이다.

앞서 말했듯 펀드 변경의 권한이 담당자에게는 없다. 그 권한은 오로지 고객만이 가지고 있다. 담당자는 펀드 변경에 대한 정보를 드리는 정도가 그 역할이지만 맞춤식 서비스를 지향하는 나로서는 펀드 변경 후 확인까지 하는 제2, 제3의 서비스를 당연히 해 드려야 했다. 밤을 새우며 정보들을 분석하고 연구하는 노력들이 무색해질 정도로 정말 어이없는 곳에서 실수를 하게 된 것이다.

발생된 일에 대하여 문제점과 향후 대책 방안을 검토하기 위해 긴급히 회의를 했다. 부지점장과 비서가 참석했으며 회의 분위기는 심각했다. 일요일마다 고객분들에게 메일을 보내기 위해 수고했던 비서도 당혹해 했다. 평상시 공부와 연구를 하면서 필요한 자료가 있을 때마다 옆에서 시간을 내어 자료 정리를 체크해 주었던 부지점장도 허탈해 했다.

자산운용사 펀드는 가입 시 이미 체크가 되어 있어 환매 여부만 체크하면 됐으나, 인터넷으로도 펀드 변경이 가능한 저축 상품인 변액보험의 펀드 유형에 대해서는 일일이 재 체크해야 했다. 확인 결과 다행히도 전화를 주신 그 고객 한 분만을 제외하고는 모두가 정상적으로 되어 있었다. 다행인 일이기도 했지만 그분께는 더욱 죄송스러운 마음이 들었다.

비온 뒤에 땅이 더 굳어진다고, 우리는 실수를 계기로 향후 또다시 일어날 펀드 변경 사항을 재 체크 할 수 있는 시스템을 마련하기로 했다. 정보가 발송되고 나면 일주일 뒤부터는 매일 고객별 펀드 변경이 제대로 되어 있는지 DB화시킨 고객 정보를 자동 전산시스템에 의해 SMS 문자로 발송하고, 또한 전화로 재차 확인하는 업무 플로우 시스템을 구축했다.

고객 한 분 한 분이 모두 귀하고 소중한 존재이기에 단 한 분이라도 놓치지 말아야 했다. 남들보다 더 많은 준비를 한다며 밤까지 새우면서 노력하지만 결국엔 작은 실수로 소중한 고객 한 분을 놓쳤다는 것이 너무나 아쉬웠다. 하지만 그날의 깨달음은 나에게 좌절보다는 의지를 더욱 공고하게 다지는 계기가 되어 주었고, 이후로 나는 두 번 다시 그런 실수를 하지 않기 위해 더욱더 고객 서비스에 만전을 기했다.

나의 실수로 인해 벌어지는 일도 이토록 가슴을 내려앉게 하는데, 하물며 나와 무관하게 터지는 사건들은 오죽할까. 특히 애정과 정성을 기울였던 고객에게서 뒤통수를 맞는 기분은 당해 보지 않은 사람은 잘 모른다. 하지만 이 역시도 결국 어떻게 대처하고 극복하느냐에 따라 삶의 보약으로 작용하기도 한다.

한 고객분이 같은 회사의 신입 여직원을 소개시켜 주셔서 만나 본 적이 있었다. 마침 퇴근 시간도 다 되고 저녁 시간에 약속이 없던 차에, 소개 받은 여직원과 함께 간단히 식사를 하며 궁금해 하는 몇 가지 질문에 대답을 해주었다. 3. 3. 3 법칙이며 라이프 사이클상 필요 자금의 형태와 규모, 그리고 연말정산에 대비해 미리 준비해야 할 것 등 이것저것을 질문하던 그분은 당장 보장성 상품부터 저축성 상품까지 가입하겠다고 했다. 그런데 그 금액이 그분의 월급에 맞먹을 정도로 커서 나는 그분을 말렸다.

나는 지출 금액을 뺀 잉여 자금이 너무 타이트하면 긴급한 상황이 발생했을 때 대처할 수 없으니, 적절한 금액으로 시작하는 것이 옳다고 설명했다. 그리고 이제 갓 입사했으니 잉여 자금의 일부는 자기계발을 할 수 있는 영어학원이나 전문 지식 취득에 투자하는 것이 좋겠다고 조언했다. 하지만 그분은 무리를 해서라도 큰 액수를 가입해 두면 더 절약해서 살 것 아니냐며 자신의 뜻을 굽히지 않았다.

나는 종이를 꺼내 고액을 계약했을 때 발생할 수 있는 문제들을 조목조목 이야기해 줬다. 가입하는 것도 큰 결심이지만 계약을 유지하는 것은 더욱 힘든 일이고, 만에 하나 단기간 내에 해약을 하게 되면 해약환급금이 아예 없을 수도 있다는 말을 수없이 했다. 그래도 그분은 뜻을 굽히지 않고 막무가내로 고집을 피우기에, 나는 "왜 이렇게 고액을 고집하느냐?"고 물었다. 말이 없었다. 나는 이유를 말해 주지 않으면 청약을 받지 않겠다고 했다. 그러자 그분은 다소 충격적인 말을 했다.

"악착같이 돈 모아 엄마처럼 살지 않겠어요."

그분은 부모님이 하루가 멀다 하고 돈 때문에 다투는 모습이 보기 싫다며, 하루 빨리 돈을 모아 자신도 강남에 사는 사람들처럼 부자가 되고 싶다고 했다.

"그렇다고 해서 월급에 가까운 돈을 모두 강제 저축한다는 것은 잘못된 재정 설계입니다."

나는 다시 그분을 설득했고, 결국 금액을 줄여 청약서에 사인을 했다.

그분에게 증권을 전달하기 위해 만나던 날, 나는 근사한 곳에서 식사를 대접했다. 그리고 자기계발서도 선물했다. 지난 시절 돈 때문에 마음고생을 한 것이 안쓰러웠다. 게다가 한창 멋 부리기 좋아할 젊은 아가씨가 첫 월급부터 꼬박꼬박 모으겠다는 그 마음이 대견하기도 했다. 나는 식사를 하며 보험이나 주식 이야기 외에도 인생의 선배로서 도움이 될 만한 이야기들을 자연스레 들려주었다.

이후로 나는 그분과 가끔 전화 통화를 하며 건강 관리와 계약 유지, 그리고 끊임없는 자기계발에 힘쓸 것을 조언했다. 그리고 간혹 질문해 오는 내용은 정보를 취합해 알려 주는 서비스도 했다. 그러기에 그분은 통화를 마칠 때면 늘 "정말 고맙다"는 말을 잊지 않았다.

그렇게 몇 달이 흐른 어느 날, 갑자기 본사에서 민원이 접수되었다며 연락이 왔다. 그분이 계약 상품에 대한 해약을 요구했는데, 그 이유가 계약 전 담당자의 설명이 불충분했다는 것이라고 했다. 때문에 나에게 자초지종을 소명하라는 것이다. 나는 너무나 황당하여 그분에게 전화를 했지만 받지를 않았다. 며칠 동안 계속해서 연락했으나 마찬가지로 연락이 안 되었다. 본사에서는 마감시한이 되어 간다며 빨리 소명하라고 다그쳤다.

고객과 통화가 되어야 내용이 어떤 것인지 알 수 있는데 통화가 안 되니 답답할 뿐이었다. 그러다 마감을 이틀 앞두고 어렵사리 통화가 되었다. 나는 설명 불충분으로 민원을 제기한 것이 맞는지 먼저 물어보았다. 그분은 작은 목소리로 맞다고 대답했다. 나는 왜 그랬는지 물었다. 다른 고객들보다 몇 배의 시간을 더 들여 가며 자세한 설명을 했기에 충분히 숙지하고도 남았을 텐데, 다른 것도 아닌 설명 불충분이라는 컴플레인은 정말 의외였다.

　나는 계약 시 그분에게 설명했던 메모지를 여전히 가지고 있었고 거기에는 모든 내용이 반복해서 적혀 있었다. 게다가 본인도 알겠다고 했던 말까지 표시되어 있기에 민원의 내용이 맞고 그르고를 따질 필요는 없었다. 나는 단지 그분의 마음이 왜 그렇게 돌아섰는지가 알고 싶었을 뿐이다. 내가 느끼기에 지금껏 그분은 적어도 나의 마음에 충분히 감사해 하고 만족해 하고 있었다. 그런데 왜 갑자기 등을 돌려 나를 공격하는 것인지 정말로 궁금했다. 그리고 혹시라도 그것이 피치 못할 이유라면 내가 도울 수 있는 한 도와주고도 싶었다.

　"혹시 그동안 무슨 일이 있었나요? 민원보다 그게 더 궁금해요."

　"죄송합니다. 민원을 제기하면 제가 그동안 불입했던 돈을 돌려받을 수 있다기에……."

　그분은 그간의 사정은 개인적으로 너무나 힘든 일이라 나에게 말할 수는 없지만 돈이 필요하다 보니 그랬다며 연신 미안하단 말을 했다. 그것이 나에게 피해가 갈 것이란 생각까지는 미처 못 했다며 거듭 사과했다.

　나는 뭔가 도울 일이 있으면 돕겠다고 말했으나 그분은 더 이상 깊은 이야기를 하기 싫어했다. 나는 그분의 의견을 존중해 더 이상 묻지 않았다. 이후로 연락조차 끊어졌지만 어디서 지내든 건강하고 아름답게 잘 지냈으면 싶다.

수당이 환수되는 등 상황은 달라지지 않았지만 그래도 마음만은 편했다. 정성을 기울였던 고객에게 영문도 모른 채 뒤통수를 맞았다는 억울한 마음이 사라진 자리에 진심으로 사람을 염려하고 위하는 마음이 채워졌다. 그리고 이 쓰디쓴 보약의 힘으로 더 많은 고객을 이해하고 위하는 힘을 얻었으니 그것으로 충분하다는 생각이 들었다.

길을 걷다 보면 늘 좋은 길만 나올 수는 없다. 뾰족한 돌부리에 걸려 넘어지기도 하고, 경사가 급한 길에서는 잠시 걷는 속도를 줄여야 하기도 한다. 내 딸아이의 어설픈 피아노 연주처럼 잠시 잠깐 끊어지긴 하겠지만 언제 그랬냐는 듯 연주는 계속되고 길도 계속해서 이어진다.

마음으로부터
섬겨라

배려는
사소한 말 한마디부터

　아무리 작은 수술이라 해도 일단 몸에 칼을 대면 몹시 아픈 법이다. 그렇게 고통스러운 수술을 마치고 나면 몸에는 크고 작은 수술의 흔적이 흉터처럼 남는다. 그래도 병이나 상처를 치유하기 위한 수술이니 통증과 흉터는 참아 낼 수 있다. 그러나 마음의 상처는 다르다. 마음의 상처는 우격다짐으로 싸워서 생긴 것이 아니라서 겉으로는 쉽게 알 수 없을뿐더러 좀처럼 낫지도 않는다. 게다가 상대방에 대한 배려가 엉뚱하게도 배신으로 되돌아올 때 그 상처는 더욱 쓰라릴 수밖에 없다.

　"무심코 던진 말 한마디가 마음에 깊은 상처를 남기기도 한다. 그러나 친절한 말은 짧고 쉽게 할 수 있는 것이지만 그 메아리는 끝없이 울려 퍼진다"는 마더 테레사 수녀의 말처럼 상대방이 무심코 내뱉은 말이 받아들이는 입장에서는 커다란 아픔이 되는 일은 부지기수이다. 요즘 들어 인터넷에 아무런 죄책감 없이 올린 인신공격성 악성 댓글 때문에 연예인들이 자살까지 하는 것을 보면 마음의 상처는 가볍게 볼 문제가 아니다. 그래서 멘탈Mental을 강조하게 된다.

멘탈은 "마음의, 정신의, 내적인"이란 뜻을 지닌 단어로, 상대방의 말과 행동 혹은 주변 상황에 따라 심리적인 변화가 있을 때 자주 사용된다. 겉으로는 강해 보여도 멘탈이 흔들리면 순식간에 무너져 버리고 만다. 스포츠에서 이런 경우를 종종 보게 되는데, 아무리 뛰어난 기술과 능력을 갖춘 선수라도 멘탈이 흔들리면 슬럼프에 빠져 버린다. 육체적인 스포츠를 곧잘 멘탈 게임으로 해석하는 이유도 여기에 있다.

이렇듯 멘탈이 쉽게 흔들리지 않아야 자존감을 지키고 어떤 어려움도 꿋꿋이 헤쳐 나갈 수 있다. 그러나 멘탈의 중요성을 아무리 강조해도 생각지도 못한 사람에게 입는 상처는 쉽게 극복할 수가 없다.

고등학교를 같이 다녔던 친구들 중에서 꽤 친하게 지낸 몇몇 친구들과 오랫동안 모임을 가졌다. 그중 한 친구는 초등학교 때부터 친구였으니 인생의 동반자로 여길 만한 관계라 해도 과언이 아니다. 이 친구는 어렸을 때부터 사진작가가 꿈이었던지라 대학도 사진학과로 진학하고 나중에 자기만의 작은 스튜디오도 마련했다. 나는 꿈을 향한 친구의 꾸준한 열정이 좋아 보였다. 그래서 그 친구에게 내 결혼식 사진을 찍어 달라고 부탁한 것은 물론이고, 운 좋게도 예전에 다니던 직장 근처에 그 친구의 스튜디오가 있어 종종 놀러 가기까지 했다.

그런데 한번은 스튜디오를 방문했다가 출입을 거절당한 적이 있었다. 알고 보니 한 대기업의 제품 사진을 촬영하는 중이라며 홍보팀이 출입을 통제한 것이었다. 오랜 시간 동안 자신의 꿈을 키워간 그 친구는 어느덧 지명도 있는 작가가 된 것이다. 덩달아 수입도 늘고 유명세도 갈수록 올라만 갔다.

내가 보험업에 뛰어든 지 얼마 되지 않았을 때, 가족 간의 모임까지도 가질 정도로 친하게 지내던 이 친구를 찾아간 적이 있다.

"어이, 잘 지냈나?"

"어떻게 된 일이야? 한동안 안 보이고."

직업을 바꾸는 와중에 잠시 만나지 못했던 친구는 나를 반가이 맞아줬다. 나는 회사를 옮기느라 들르지 못했다며 그간의 사정을 이야기했다.

"그래서 나보고 보험 하나 가입하라고 온 거냐?"

내가 보험회사에 들어갔다는 이야기에 그 친구는 다짜고짜 정색을 하그는 따지듯 물었다. 순간 나는 어이가 없었다. 좀 전의 반가운 얼굴은 어느덧 사라지고 친구는 냉랭한 표정으로 말을 이었다.

"난 보험 같은 것 가입 안 해! 그러니까 딴 데 가서 알아봐. 술도 담배도 안 해서 건강하고, 돈도 차근차근 은행에다 모으면 돼. 그러니 너도 앞으로 찾아오지 마!"

학고 다닐 때는 싸움도 못해 궁지에 처하면 나에게 오던 친구가 나를 마치 잡상인 취급하니 너무나 자존심이 상했다. 서운하다는 말로도 부족해 서러울 정도였다. 수많은 시간 동안 고민한 끝에 선택한 내 직업을 두고 어떻게 이럴 수가 있나 하는 원망스러운 마음까지 들었다. 솔직히, 어릴 적부터 친한 사이여서 혹시나 상품 하나 정도는 가입해 주지 않을까라는 마음으로 찾아갔던 것은 사실이다. 하지만 말도 꺼내기 전에 나를 잡상인 취급하는 그 친구를 보며 나는 내가 얼마나 바보였던가를 깨닫게 되었다.

문전박대나 다름없는 대접을 받고 나온 나는 멘탈이 급격히 무너져 버렸다. 이후 예정되어 있던 약속마저도 모두 취소하고 홀로 쓰라린 가슴을 달래야 했다. 가만히 생각해 보니 사실 그 친구만 그렇게 말을 함부로 한 것은 아니었다. 친했던 전 직장의 선배를 찾아갔을 때도 선배는 "커피숍에서 노트북과 자료를 꺼내 설명하는 게 창피하다"는 말까지 했었다.

친한 친구나 선배에게 받은 상처 못지않게 고객들로부터 받는 상처도 있다. 이 때문에 일을 그만두는 동료까지 생겨 가슴 아팠던 적도 한두 번이 아니었다. 예전에 어떤 보험설계사 동료는 어느 가망고객이 보험에 가입하는 조건으로 500만 원 상당의 백화점 상품권을 달라는 요구 때문에 가슴앓이를 했다. 계속 보험에 가입할 것처럼 행동하는 가망고객 때문에 비싼 식사비까지 내며 만났는데 어이없는 요구를 해 오는 것이었다. 말도 안 되는 요구를 거절한 그 동료에게 가망고객은 온갖 욕을 하며 모욕을 줬다고 한다. 이때의 충격이 얼마나 컸던지 그 동료는 얼마 지나지 않아 회사를 그만두고 말았다.

타인으로부터 상처가 되는 말을 듣는 일은 비단 보험업계에만 생기는 게 아니다. 어느 조직이나 인간관계에서도 말 한마디가 돌이킬 수 없는 비수가 되어 상대방의 심장을 꿰뚫는 일이 종종 발생한다. 그것도 가장 친하다고 여겼던 사람이 날린 비수의 한마디는 회복하기 어려운 상처가 되고 만다.

이런 마음의 상처를 연이어 겪게 되니 나에겐 습관이 하나 생겼다. 내게 필요하지도 않은데 누군가 열심히 제품이나 서비스를 설명하면 아주 정중히 거절하는 습관이다. 혹시라도 상대방이 상처를 받을까 봐 조심해서 말하는 것이다. 그리고 고객을 모실 때도 따뜻한 가슴을 가진 분들만 모시려고 노력한다. 고객들의 돈이 많고 적음은 중요하지 않다. 가족을 생각할 줄 알고 남을 배려할 줄 아는 분들이야말로 내가 모셔야 할 고객들이다. 보험은 가족을 위한 일종의 안전장치라고 할 수 있다. 그렇기 때문에 이런 고객들은 보험에 대해 선입견을 가지고 있거나 인신공격에 가까운 마음의 상처를 주는 말은 하지 않는다. 그래서 나 또한 가족을 대하듯 고객들을 만날 수밖에 없다.

보험설계사들은 고객들의 소중한 가족을 위해 보장계획과 설계를 하는 사람들이기에, 또 다른 의미의 가족이라는 생각으로 고객과 인연을 맺는다. 보험은 뜻하지 않은 가족의 불행에 대비한다는 특성이 있다. 특히 가장이 불의의 사고를 당해 경제적인 활동이 불가능할 때를 대비하는 경우가 대부분이다. 생각해 보면, 그나마 공직에서 은퇴한 가장의 경우에는 연금이 보장되어 있어서 경제적인 부담이 덜하지만, 그렇지 못한 사람들이 더 많은 게 현실이다. 만 45세 이상이 되면 개인 연금을 수령할 수 있는 보험에 가입되어 있다면 그나마 다행이다. 이렇게 만약의 경우를 미리 대비해 둔 부모는 평소 그 자녀들과도 사이가 좋을 수밖에 없다. 불안한 미래에 대한 대비는 서로 간에 든든한 믿음을 형성해 주기 때문이다.

물론 그 어떤 든든한 믿음도 가장을 잃은 슬픔을 메울 수는 없다. 때문에 나는 장례식장에서 먼저 떠난 가장의 빈자리를 그리워하며 절규하는 가족들을 앞에 두고 "부의금을 특별히 얼마나 냈느니" 하며 물어 오는 사람들을 보면 안타깝다 못해 창피하기까지 하다. 부의금으로 10만 원을 냈느냐, 5만 원을 냈느냐가 무슨 대수인가. 그 돈으로 가장을 잃은 마음의 상처를 달랠 수나 있을까, 아니 좀 더 현실적인 고민을 하자면 불의의 사고를 수습하고 앞으로 산적한 가족들의 생활비와 자식 교육비 문제를 해결이나 할 수 있을까 말이다.

큰형의 어이없는 죽음으로 깊은 마음의 상처를 겪어 봤던 나는 넉넉한 부의금은 물론이고, 남은 가족들과 함께 앞날을 이야기하며 오래도록 그 자리에 앉아 있어야 그나마 마음이 편해진다. 그분들에게 필요한 것이 비단 돈만이 아님을 알기 때문이다.

보험 영업은 고객들의 불안한 미래를 전제로 한 만남이 대부분이다. 그래서 보험에 가입시켰다 해도 좋기만 한 것은 아니다. 정말 좋은 것은 보험금이 지급되지 않을 정도로 고객들의 삶이 평온해야 하는 것이다. 이런 의미를 늘 되새기는 내 입장에서는 어수선한 장례식장에서 가족의 미래를 지켜줄 수 있는 억대의 보험금 지급 서류를 가지고 있어도 조심스러울 수밖에 없다.

보험에 가입한 고객들이 정작 좋지 않은 일을 당할 때는 마음의 상처를 어루만져 줄 수 있는 말 한마디만큼 소중한 것은 없다고 여길 때가 많다. 그래서 보험설계사들은 고객들의 마음의 상처를 어루만져 주는 치유사가 되어야 한다. 고통이나 어려움에 빠진 이들에게 배려란 비단 물질적인 도움만을 의미하는 것은 아니다. 어쩌면 그분들에게 진정으로 힘이 되는 것은 진심 어린 말 한마디가 아닐까.

최선은 곧
절제를 뜻한다

한고조寒苦鳥라는 새가 있다. 불경에 나오는 이 상상의 새는 세찬 바람이 부는 히말라야의 설산에 살고 있다고 해서 설산조雪山鳥라고도 부른다. 그런데 이 새는 둥지를 틀지 않기 때문에 밤이 되면 사나운 눈바람을 그대로 맞을 수밖에 없다. 그러니 온몸이 얼어붙는 괴로움으로 매일 밤을 지새우는 처량한 신세가 된다. 누가 봐도 둥지만 만들면 간단히 해결될 문제이고 한고조도 이를 잘 알고 있다. 그래서 걸핏하면 "날이 밝는 대로 꼭 아늑한 둥지를 짓겠다"고 다짐을 한다. 하지만 추운 밤이 지나가고 날이 밝으면 꽁꽁 얼어붙은 몸을 햇볕에 녹일 수 있으니 게으름이 다시 고개를 든다. 어느덧 지난밤의 결심은 잊어버린 채 몸을 녹이며 하루를 보내고, 그러다 다시 밤이 오면 뼈마디가 얼어붙는 고통에 시달리며 거듭 후회를 한다.

한고조의 우화는 깨달음을 얻어도 게을러서 행동으로 옮기지 못하면 아무런 소용이 없다는 것을 잘 보여 준다. 머리로야 제아무리 목적지까지 이르는 길을 꿰뚫고 있다 해도 막상 발걸음을 떼지 못하면 목적지까지의 도달은 요원할 따름이다. 보험 영업을 하다 보면 이처럼 간단한 이치를 지키지 못해 곤란한 지경에 빠지는 경우가 종종 생긴다.

생명보험과 손해보험의 교차보험이 허용된 지 얼마 되지 않았을 때였다. 새로운 상품에 대한 관련 지식을 갖추고 있어도 이에 걸맞은 영업 활동을 미처 하지 못하고 있었다. 그렇다 보니 기존에 해 오던 보험의 고객들에게 교차 판매와 관련한 정보를 제대로 줘야 하는 가장 기본적인 영업 활동을 본의 아니게 게을리했던 적이 있었다. 한번은 실손형 보험을 판매하면서 기존의 고객들에게 항의 아닌 항의를 받았다. 병원비 지급을 하는 상품에 대해 정보를 제공하지 않아 손해를 봤다는 것이다. 일부 비용을 제외하고 병원비를 사용한 만큼 보상받을 수 있는 상품이 있는데도 알려 주지 않은 나의 실수였다. 그리고 이 상품을 다른 회사를 통해 가입했던 고객들에게도 항의를 받은 적이 있었다. 보험금은 2년 이내에 청구하면 되는데, 미처 보험금을 청구하거나 수령하지 못했다고 하소연을 하는 것이다. 비록 다른 회사에서 다른 담당자를 통해 가입한 보험일지라도 어쨌거나 지금은 나의 고객으로 되어 있는 분들인데 내가 더욱 더 꼼꼼하게 신경을 써야 했다.

두 가지 경우 모두가 고객을 위한 실천을 게을리했기 때문에 발생한 불만이었다. 손해보험은 나를 만나기 전에 이미 고객들이 알아서 상품을 가입했을 것이라고 안일하게 생각하고, 새롭게 고객을 관리하면서 취했어야 할 영업 활동을 하지 않았던 실수였다. 물론 둘 다 규정상 잘못이 있는 것은 아니었다. 하지만 이것저것 핑계를 대면서 합리화하기에는 스스로의 게으름이 너무나 뼈저리게 느껴졌다.

머리가 아니라 행동으로 고객을 대한다는 것은 "최선을 다한다"는 뜻이다. 최선은 최고를 지향하기 위한 실천 의지이다. 그렇게 최선을 다하는 것까지가 내 몫이고, 최종 결정을 내리는 것은 고객이라는 것을 잠시 잊었던 것이다.

실천 의지의 또 다른 의미는 '절제'라고 할 수 있다. 강압적인 외부의 통제보다 더 힘든 것이 스스로 감내하는 절제이다. 게으름은 자신과 쉽게 타협했을 때 나오는 산물이다. 게을러지지 않아야 고객들에게 최선을 다할 수가 있다. 그래서 나는 고객들과 오랫동안 함께하기 위해 절제를 최우선의 가치로 두고 있다.

내가 절제의 가치를 일상에서 실천하는 것 중에는 음주의 절제가 있다. 보험일을 하기 전에는 종종 지인들과 술자리를 가졌지만, 이 일을 시작한 후로는 술자리에 참석한 것이 손에 꼽을 정도이다. 아내와 친구들이 놀랄 정도로 술에 대한 절제를 실천하고 있다. 그 이유는 보험일을 하면 할수록 공부할 게 많다는 자각 때문이었다. 한순간이라도 공부를 게을리하면 고객들에게 최선을 다할 수가 없다는 것은 자명한 사실이다. 그래서 술을 절제하며 매일매일 공부와 자료 정리에 공을 들인다. 과거처럼 술자리를 즐기면 이런 공부를 할 수 있는 시간이 물리적으로 부족할 수밖에 없다. 또한 이렇게 술을 절제하며 공부하는 것이야말로 보험부터 펀드와 자산관리까지 나를 믿고 맡겨 주신 고객들에게 보답하는 길이라는 것을 알기 때문에 더욱 더 술을 멀리했다.

그렇다고 내가 무슨 결벽주의자나 완벽주의자는 아니다. 남들 못지않게 여가를 즐기거나 운동을 하는 등 공부 말고도 하는 게 많다. 그럼에도 술에 대해서 유독 절제를 하는 이유는 자기계발과 고객에 대한 보답만큼이나 중요한 우리 아이 때문이다. 고등학생인 큰아이는 보험설계사나 재무설계사, 종합자산관리사라는 직업에 대한 사회적인 편견을 알고 있으면서도 아빠의 직업을 가업으로 잇겠다는 의지를 보이고 있다. 그 의지에 따라 아이가 새벽까지 열심히 공부를 하는데, 정작 아빠인 내가 절제하지 못하고 술을 마시며 일을 게을리한다는 것은 절대 있을 수 없는 일이다.

내 직업과 고객, 그리고 아이를 위해서 최선을 다하고 절제를 해야 하는 나로서는 과골삼천踝骨三穿이란 말의 뜻이 가슴 깊이 와 닿는다. 이 말은 다산 정약용 선생이 스무 해의 귀양살이를 하는 동안 공부와 저술 활동에 전력을 다한 나머지 복사뼈에 구멍이 세 번이나 뚫렸다는 이야기에서 유래된 말이다. 아무리 귀양살이 신세지만 풍류와 여유를 즐기려는 마음이 왜 없었겠는가. 그렇지만 자신이 뜻한 바를 이루기 위해 외롭고 힘든 귀양살이를 스스로 절제하며 더욱 고달픈 저술 활동을 했던 다산이었다. 비록 내가 다산의 노력에 비할 수는 없을지라도 절제와 더불어 목표에 대한 집념을 행동으로 실천한다면 능히 내 꿈을 이루지 않을까 싶다.

경청하고
또 경청하라

"현명해지기란 무척 쉽다. 그저 머릿속에 떠오르는 말 중에 바보 같다고 생각되는 말을 하지 않으면 된다."

강의는 다양한 생각과 여러 분야에서 생활하는 사람들을 만나는 자리이다. 질문을 받는 시간이 되면 이토록 다양한 성향의 사람들이 쏟아내는 질문이 사뭇 흥미롭기까지 하다. 사실 많은 사람들이 건강 다음으로 높은 관심을 보이는 '돈 모으는 방법'과 '돈 관리하는 방법'을 강의하니 질문이 없을 수가 없다. 그런데 나는 그 어떤 질문도 아는 질문이라고 해서 허투루 듣지 않는다. 남의 말을 듣지 않고 자기 이야기만 하는 사람은 귀머거리나 다름없다는 말처럼 경청을 하려고 노력한다.

경청을 통해 받은 질문을 곱씹어 보면 그 질문이 그냥 호기심인지, 아니면 절박해서 묻는 것인지를 판단할 수 있다. 그래서 더욱 더 경청할 수밖에 없다. 상대방은 절박해서 묻는데 답변을 건성으로 한다는 것은 모욕을 주는 것이나 마찬가지이다. 그리고 제한된 시간 때문에 가슴에 담아 두었던 궁금한 것을 쏟아 내지 못하거나 프라이버시 때문에 공개적인 질문을 하지 못했던 분들을 위해 설문지를 나누어 준다.

이 설문지를 거두어서 사무실로 돌아온 나는 동료들과 함께 검토를 시작한다. 섹션별 답변 담당자까지 정해서 질문에 대한 답변을 챙긴다. 이 과정이 끝나면 회의를 통해 질문과 준비된 답변을 담당자별로 발표하는 시간을 가진다. 그렇게 해서 서로 체크를 하고 답변 메일을 보내기 전에 마지막 점검을 한다. 이때 틀린 것을 지적하는 일은 거의 없고 일부 내용을 좀 더 보충하는 경우가 대부분이다. 이렇게 설문지에 대한 답변을 마련하고 메일을 보내기까지 걸리는 시간은 일주일이다. 우리에게 자신의 마음을 열어 준 분들을 위해 투자한 시간인 셈이다.

이런 우리의 수고에 대해 거의 모든 설문지 작성자들은 고마움을 표시한다. 사실 모르고 있던 내용에 대해 아주 구체적이고 전문적인 정보가 담긴 답변을 받게 되면 기분이 좋을 수밖에 없다. 가까운 금융기관의 창구에서 1시간 이상 단독 상담을 받으려면 특별한 자산가가 아니고서는 쉽지가 않다. 그런데 우리의 답변으로 그에 못지않은 상담을 받으니 조금이라도 도움이 되지 않을까 한다.

우리가 이토록 설문지에 성실히 답변하는 것은 인디언의 기우제와 같다. 기우제를 지내기만 하면 비가 오는 인디언 부족이 있었는데, 그 비법을 알아보니 의외로 간단했단다. 바로 비가 올 때까지 기우제를 지내는 것이었다. 우리도 CMA, 주택청약종합저축통장, 보험, 부동산, 펀드 등 다양한 금융 상품에 대한 궁금증이 풀릴 때까지 답변을 해 준다. 1시간이 아니라 100일이라도 인디언의 기우제처럼 최선을 다하는 서비스를 제공하는 것이다. 이렇게 자세한 정보를 드리고 상담을 해 주니 생각보다 많은 횟수의 메일 주고받기가 이`루어지며 새로운 관계를 만들어 간다.

이 모든 게 경청으로부터 시작된 새로운 관계 설정이다. 동료들은 서로의 장점과 능력을 발휘하며 돕고 배우는 관계, 설문지 작성자들은 우리에게 새로운 가망고객으로의 관계 설정이 이루어졌다. 서로가 원하는 것을 얻고, 또 설득할 수 있는 커뮤니케이션이 된 것이다. 미국의 유명한 세일즈맨인 닉 퍼튼이란 사람은 고객과 대화를 나눌 때 절대로 물건이나 자신의 실적에 대해 생각하지 않고 오로지 상대방의 말에 귀를 기울였다고 한다. 거의 모든 세일즈맨들이 경청을 잘한다고 하지만 속으로는 어떻게 물건을 팔고 실적을 올릴지를 궁리한다. 진정한 경청은 자신의 머릿속을 비우고 고객의 말로 채워 넣는 것이다. 그래야만 서로가 공감하고 설득할 수 있는 감정을 이끌어 낼 수 있다.

먼저 베풀어라

피아彼我라는 말이 있다. 너와 나, 저편과 이편을 뜻하는 한자이다. 이 말에다 '분별하여 알아본다'는 식별識別을 붙여 피아식별, 즉 저편과 내 편을 분별하고 아군과 적군을 구분한다는 말이 있다. 누구나 쉽게 접해 본 이 말을 곰곰이 따져 보면 인간관계나 조직 생활의 이치가 담겨 있음을 알 수 있다. 피아식별을 제대로 하지 못하면 소위 말해서 뒤통수를 맞는 경우가 생기니, 조직이나 사회에서 피아식별은 상당히 중요하다. 그러나 나 역시 이런 피아식별에서 자유로울 수는 없었다.

물론 내가 처음부터 피아식별을 따졌던 것은 아니다. 오히려 10대나 20대를 보내는 동안에는 인간관계를 폭넓게 하기 위해 부단히 노력을 했다. 편 가르기를 하기보다는 학벌, 성별, 직업에 상관없이 많은 사람들을 알려고 했던 것이다. 자기계발을 위해 학원을 다녀도 단지 수업만 듣고 나오는 것이 아니라 수강생들과 서로 명함이라도 주고받았다. 직장에서는 부서가 달라도 가급적 많은 직원들을 알기 위해 노력했다. 그런데 언제부터인가 폭넓게 사람을 알고자 했던 내 노력이 다소 무의미하다는 생각이 들었다. 많은 사람을 알아도 그들을 깊이 알지 못하면 진정으로 아는 것이라 할 수 없고, 설령 깊이 안다 해도 그들이 내 편이 아니라면 중요한 순간에는 결국 내게서 등을 돌리니 말이다.

요즘과 같은 멤버십 사회에서는 끼리끼리 문화가 강해 무턱대고 친해지자고 했다가는 문전박대, 심지어 호되게 뒤통수를 맞는 일도 비일비재하다. 팬클럽 문화만 봐도 과거와는 사뭇 다른 정서를 엿볼 수가 있다. 언젠가 TV에서 자신들이 좋아하는 가수가 아니면 아예 박수도 안 치는 광경을 보고 깜짝 놀란 적이 있다. 과거에는 자신이 좋아하는 가수가 아니어도 박수 치고 격려를 해 줬지만, 요즘은 어린 나이 때부터 편 가르기가 익숙해진 것 같아 씁쓸했다. 그런데 성인이 됐다고 해서 이러한 편 가르기가 없어지는 게 아니다. 오히려 더 폐쇄적으로 바뀌는 경우가 많고 심지어 이런 멤버십 활동을 위해 상당한 시간과 노력을 투자하기도 한다.

가끔 나에게 3시간 정도의 미팅 시간을 내 달라고 요구하는 고객도 알고 보니 자신의 멤버십 클럽 활동을 위해 노력하는 분이었다. 그분은 미팅에 앞서 상당한 정보와 분석 내용을 준비한 듯 3시간 남짓한 시간 동안 나에게 이런저런 질문을 해 왔다. 도대체 이런 심도 깊은 정보와 분석 내용을 어디에 활용하려는지 궁금해서 물어봐도 쉽게 대답을 해 주지 않았다. 그러던 어느 날, 실물투자에 대한 이야기가 나와 또다시 묻지 않을 수 없었다. 그러자 그 고객은 조심스레 그 이유를 털어 놓았다.

"사실 모임이 하나 있는데, 거기에 필요해서 이렇게 하는 겁니다."

도대체 어떤 모임이기에 이렇게 전문적이고 방대한 양의 정보를 필요로 하는지 매우 궁금했던 나는 그 모임에 대해 더 물어봤다.

"그 모임은 가입하고 싶다 해서 아무나 쉽게 들어갈 수 없어요. 자기들만의 자격 요건이 있답니다. 그리고 '1000클럽', '2000클럽', '3000클럽' 등 숫자에 따라 모임이 다 달라요."

자유롭게 드나드는 모임이 아니라 자격 요건을 갖춰야 가입이 가능하다니 이건 또 무슨 소리인가 싶었다. 게다가 1000, 2000, 3000의 숫자가 의미하는 것이 무엇인지도 선뜻 감이 잡히지 않았다. 의아해하는 나에게 그 고객은 친절하게 다시 설명을 이어 갔다.

"그 숫자는 자신의 월수입에서 경비를 제외하고 순수하게 잉여 자금으로 가질 수 있는 돈을 뜻해요. 월 1000만 원, 월 2000만 원의 잉여 자금을 가진 사람이어야 일단 모임 가입의 기본 조건을 가졌다고 볼 수 있죠."

그런데 이 모임은 돈만 가지고 있다고 해서 가입이 되는 게 아니라 회원들의 100% 동의를 받아야만 들어갈 수 있다고 했다. 이렇게까지 까다로운 가입 조건을 듣고 나니 재테크 모임치곤 너무 비밀스러운 것이 아닌가 하는 생각이 얼핏 들었다. 그러나 그들은 부동산부터 주식, 채권, 보험상품, M&A, 환율, 그리고 심지어 골프 회원권까지 수익이 발생하는 것이라면 공동으로 투자해 이익을 나눈다고 한다. 그렇기 때문에 신뢰와 멤버십은 모임 유지와 가입의 필수 조건이라는 것이다. 이분들에게 피아식별이란 전쟁터에서 적군과 아군을 나누는 것만큼이나 매우 중요한 기준이었다.

나 역시 보험일을 시작하면서 인간관계를 피아식별의 관점에서 정리할 수 있는 기회를 여러 번 맞이했다. 사실 보험설계사는 외로운 직업이다. 때론 온통 주변이 내 편이 아니라 적군이라고 여겨질 때도 있다. 웬만한 일은 혼자서 다 해야 하고, 살벌하다고 느껴질 만큼 치열한 경쟁이 벌어지는 곳이라서 진정한 믿음이 오가는 지인을 만들기가 여간 어려운 일이 아니었다. 이는 비단 보험일뿐만 아니라 다른 분야의 직업 생활에서도 결코 쉽지 않은 일이다. "살아가는 동안 3명의 진정한 친구가 있다면 이 세상에서 그 어떤 것보다 더 소중한 것을 얻은 것이나 마찬가지다"라는 말만 보더라도 진정한 내 편을 얻는 일이 얼마나 어려운 것인지 잘 알 수 있다.

그렇지만 나는 보험일을 하면서 소중한 3명의 친구 못지않은 사람들을 만날 수가 있었다. 바로 나의 고객들이다. 나는 그분들을 내 인생의 동반자로 여겨도 될 정도로 많은 도움과 조언을 얻었다. 이분들을 만난 것은 분명 행운이었다.

부부인 홍사일 사장님과 이정은 실장님이 추운 겨울에 의류 프로모션인 'Nel'을 차리고 개업식을 열 때 나는 전기난로를 사들고 찾아갔다. 지하에 마련된 사무실은 매우 추웠고, 다행히도 내가 사간 전기난로 덕분에 추위를 면할 수가 있었다. 특히 가장 연장자이 셨던 사장님의 어머님께 난로를 켜 드리니 분위기는 더 훈훈해졌 다. 정말 고맙다며 손수 먹을 것을 가져다 주시는 어머님 덕분에 친 척과 친한 친구들이 모인 자리에서 그나마 나는 이방인의 어색함을 떨칠 수가 있었다.

그 뒤부터 Nel의 사장님 부부는 연장자를 배려하는 내 모습이 인 상적이었는지 종종 개인적인 고민을 이야기하며 부탁을 해 오셨다. 게다가 처음 사업을 하는 분들이다 보니 세무나 무역과 관련된 법 률 문제가 생겨도 어찌할 줄 몰라 당황할 때가 많았다. 이때도 그분 들은 나에게 먼저 도움을 요청했다. 나는 흔쾌히 도와주기로 하고 후배 변호사를 소개시켜 줘서 자문을 구하게 했다. 이 밖에도 회사 가 자리 잡기 전에는 내실 있는 현금결제로 계약을 하라고 조언하 고, 환차익에 대한 정보도 제공하는 등 회사가 제법 규모를 갖출 때 까지 나는 그분들에게 이런저런 도움을 드렸다. 보험 계약을 떠나 그분들이 자리를 잡아 가는 과정을 지켜보는 것만도 즐거운 일이었 다. 또한 그분들의 노력과 성장이 나에게 또 다른 자극이 되어 나의 열정을 북돋아 주었으니, 한편으로는 내가 오히려 감사한 입장이 었다.

그즈음에 나는 재무설계사 시험을 준비하고 있었다. 남들은 한 건이라도 더 실적을 올리려고 동분서주하고 있을 때 나는 계산기를 들고 도서관으로 갔다. 이때가 마침 직원들의 실적을 높이기 위해 매년 여름마다 시행하는 '서머 페스티벌'이 열리던 시기였다. 페스티벌 기간 동안 가장 많은 실적을 올리는 직원들을 뽑아서 보상을 해 주는 일종의 이벤트이다. 보상은 매우 컸다. 당시에도 페스티벌에서 뽑힌 직원들에게 해외여행을 보내 준다고 해서 모두가 치열한 경쟁을 하고 있었다. 월평균 5건 이상의 계약에다 월 300만 원이 넘는 실적이 나와야만 겨우 이벤트 합격의 최저 기준에 도달할 수 있을 만큼 만만치 않은 경쟁이어서 대부분의 동료들이 이리 뛰고 저리 뛰며 열을 올리고 있었다. 게다가 최저 기준을 달성해도 순위별로 결정되는 것이어서 직원들의 열기는 갈수록 뜨거워졌다.

그런데 나는 주위 동료들의 만류에도 불구하고 고객을 위한 재무설계 서비스를 좀 더 짜임새 있게 하고 싶은 마음에 시험을 계속 준비했다. 시험을 마치고 나니 이벤트 관련 영업마감일이 20일밖에 남지 않았다. 그리고 페스티벌 경쟁이 예상대로 너무나 치열해져 최저 기준은 이미 나의 관심 밖의 일이었다. 최소한 3개월 합계 실적이 1250만 원은 되어야 안정권이란 말이 돌고 있었다. 애초부터 시험에만 매달렸던 나로서는 결코 쉽지 않은 기준이었다.

물론 그렇다고 해서 해보지도 않고 포기한다는 것은 있을 수 없는 일이었다. 나는 시험을 마치고 나오자마자 고객들을 만나며 내나름의 노력을 다했다. 그랬더니 다행히도 조금씩 실적이 올라갔다. 마감일을 3일 앞둔 시점에서는 순위에 근접할 정도로 성과가 나왔다. '이 정도면 혹시 가능하지 않을까?' 하는 기대감이 생기기 시작했고, 일단 막판까지는 노력해 보자는 심정으로 최선을 다했다. 하지만 마감일이 되자 순위권 안에 들어가기에는 실적이 다소 모자라 어쩔 수 없이 기대를 접게 되었다. 그런데 갑자기 Nel의 이정은 실장님으로부터 전화가 왔다.

"네! 어쩐 일이세요?"

"뭐 특별한 일은 아니고요. 그런데 지금 회사에서 무슨 페스티벌을 하고 있다면서요?"

"네. 그렇습니다. 어떻게 아셨어요?"

"진작 말씀하시지 그러셨어요? 큰 금액은 아니지만 원래 계획보다 조금 앞당겨서 보험에 가입하려고요. 도움이 됐으면 좋겠네요."

전혀 예상치 않은 도움이었다. 마감이 한 시간도 채 남지 않았던 상황에서 나는 서둘러 계약을 접수하고 서류를 정리했다. 뜻하지 않은 곳에서의 도움은 이렇듯 결정적인 순간에 나타난다. 그동안 Nel의 식구들과 나눴던 정과 신뢰가 커다란 도움으로 되돌아 온 것이었다. 사실 페스티벌이 진행되는 동안 그분들에게 도움을 요청한다는 생각은 하지도 못했다. 그런데 그분들이 나에게 먼저 도움을 주겠다고 연락을 해 주니 고마울 따름이었다.

다른 사람의 마음을 얻는 일은 거창하거나 그렇게 어려운 일이 아닐 수도 있다. 비싼 선물과 화려한 수식어가 가득한 말잔치보다 존중과 배려로 상대방을 대하는 것이 더 낫다. 나도 보험 영업을 하면서 언변이 뛰어난 사람이기보다 고객의 마음을 헤아리며 곁에서 든든한 존재로 남고 싶을 뿐이다.

고맙습니다

"감사합니다."

어디를 가든 무엇을 하든 간에 조금이라도 도움을 주시는 분들을 보면 항상 쓰는 말이다. 특히 영업사원이라면 아예 입에 붙은 말일 것이다. 그런데 큰아이는 이 말이 영 어색했나 보다. 한번은 나에게 종이 한 장을 내밀며 신신당부를 해 왔다.

"아빠가 많은 사람들을 만나면서 매번 '감사합니다!' 하고 인사하는 게 너무 어색해요. 틀린 말은 아니지만 이왕이면 멋진 우리말을 썼으면 좋겠어요. 아빠 같은 사람들이 자꾸 써야 멋있는 우리말이 되죠."

그러면서 아이가 내민 종이에는 우리말에 대한 이야기가 적혀 있었다. 특히 '감사' 라는 말은 일제강점기에 들어온 말인데, 마치 우리말처럼 자연스럽게 쓰이고 있다고 적혀 있었다. 이를 대체할

아름다운 우리말은 바로 "고맙습니다"였다.

　무심코 쓰고 있는 잘못된 표현에 대해 지적해 준 아이가 고마웠다. 아이의 말을 듣고 가만 생각해 보니 나 역시 '감사'라는 말보다 '고맙다'는 말이 더 정겹게 들렸다. 고맙다는 표현은 감사라는 말보다 왠지 더 감성적으로 와 닿았다. 그 후부터 나는 "감사합니다"를 대신해서 "고맙습니다"를 일상적으로 사용하게 됐다.

　그런데 "고맙습니다"라는 말을 인사처럼 쉽게 하지 않고 이 말 한마디에 모든 고마움을 표시한 적이 있었다. 고맙다는 표현이 단지 인사치레가 아니라 진정으로 마음에서 우러나오는 것임을 깨달은 것이다.

　매달 25일은 실적 마감일이자 전달에 활동한 실적에 대한 수당이 나오는 날이다. 그런데 어느 날, 전산을 통해 명세서를 확인해 보니 수당이 제로였다. 지금껏 보험 영업을 하면서 이런 경우는 처음이라 당황하지 않을 수가 없었다. 일단 마음을 가라앉히고 이유를 곰곰이 생각해 보니 전달에 있었던 계약 해지가 떠올랐다. 가뜩이나 골치를 아프게 했던 그 계약 해지 건의 영향이 생각보다 심각했던 것이다.

　나의 수당을 제로로 만들어 버린 그 계약 해지는 학교 동문 모임에서 만난 한 사업가 동문 때문이었다. 그 동문은 CEO 퇴직금 재원 마련과 기타 이유를 들며 꽤 큰 금액의 저축성 상품에 가입하겠다고 나에게 연락을 했다. 나로서는 무척이나 고마웠고 학교 동문이라는 이유로 별달리 의심을 하지 않고 계약을 했다. 원래는 기업의 대표를 소개받으면 계약 전에 사전 정보를 입수하고 상담 시 질의를 통해 철저히 확인을 하지만, 나는 동문이기에 그마저도 하지 않고 덜컥 계약을 한 것이다.

기분 좋게 계약을 마친 나는 추호도 의심하지 않았지만, 어쩐 일인지 계약을 한 둘째 달부터 이상한 낌새를 느낄 수가 있었다. 그분으로부터 납입금이 들어오지 않았던 것이다. 너무 바빠서 깜빡 잊었나 싶어 연락을 했더니 회사에 돈이 없다는 둥, 회사를 팔았으면 한다는 둥 하소연만 하는 것이다. 예상치도 않은 하소연에 잠시 당황했지만 일단 고객을 도와야 한다는 생각에 은행 지점장을 소개시켜 줬다. 그런데 그 동문의 회사는 대출 조건에 미달이라며 안 된다는 답변을 들었다. 설마 이 정도로 좋지 않은 회사일까 하며 의구심도 가져 봤지만 기왕 도와주는 김에 좀 더 알아보기로 했다. 그래서 신용보증기금과 기술보증기금까지 모두 다 알아봤지만, 국세 미납으로 그 어떤 대출도 될 수가 없는 상황이었다.

그제야 알고 보니 그 동문은 나와 보험 계약을 하기 전부터 자금난에 허덕이고 있었고, 회사 매각마저 여의치 않은 상황이었다. 그럼에도 보험에 가입한 이유는 오로지 나를 통해 대출이나 M&A를 기대했기 때문이었다. 게다가 그는 이런 바람이 이루어지지 않으면 보험을 해약하면 그만이라는 생각을 하고 있었던 것이다.

나로서는 커다란 타격을 입어야만 하는 상황이었다. 그런데 그 동문은 시간이 갈수록 아예 노골적으로 "더 이상 대출이나 M&A를 소개해 줄 곳이 없냐?"고 재촉만 할 뿐이었다. 너무나 답답한 나머지 나는 "도대체 회사의 임원들은 뭘 하고 있냐?"고 반문했지만 다 부질없는 메아리에 불과했다.

결국 가입한 지 5개월 만에 보험 계약은 해지됐다. 그 동문으로서는 별로 아쉬울 게 없을지 몰라도 내 입장에서는 큰일이 터진 것이다. 그동안 쌓아 둔 나의 영업 등급마저도 놓치게 됐으니 이만저만 큰 손해가 아니었다. 계약 해지 때문에 끙끙 앓고 있는 나에게 평소 옆에서 많은 도움을 주는 장형석 부지점장이 조언을 해 줬다. 계약 해지는 빨리 잊어버리고 일단 얼마의 금액만큼이라도 계약을 새로 맺어서 유지율이나 다른 급한 불부터 끄라는 것이다.

부지점장이 조언하는 바를 나도 모르고 있었던 것은 아니었다. 다만 당장 그렇게 큰 금액을 계약할 수 있는 형편이 아니었던 탓에 그저 답답할 뿐이었다. 한숨만 내쉬며 속앓이를 하고 있을 때, 불현듯 한 고객의 이름이 떠올랐다. 시우진이란 분인데, 그분 같으면 어느 정도의 계약을 해 주실 수 있을 것 같았다. 하지만 직접 얼굴을 보고 부탁을 하면 부담만 드릴 것 같아서 일단 문자를 보냈다.

"안녕하세요. 내일이 마감인데, 급한 사정이 생겨 ○○○원짜리 계약이 필요합니다. 얼굴 뵙고 말씀 드리면 더 부담을 드리는 것 같아 문자로 양해 구합니다. 가능하시면 연락 주세요. 이번은 제가 부탁 드리는 겁니다. 어떻게든 보답하겠습니다. 죄송하고 미안합니다."

문자를 보내고 5분도 채 지나지 않아 전화가 왔다.

"형님, 4시간쯤 지나면 도착합니다."

단지 나보다 나이가 어리다는 이유로 평소에 나를 형님이라 부르는 그 고객은 가족들과 지방으로 여행을 갔다가 서울로 올라오는 중에 문자를 보고 곧바로 연락을 한 것이다. 잠실 롯데백화점 11층에서 '삼우정'이란 식당을 운영하는 분인데, 사실 당시에는 그분도 사정이 그리 좋은 것은 아니었다. 그럼에도 내 어려운 사정을 아시고는 선뜻 계약을 하겠다고 연락을 준 것이다.

"형님이 이런 부탁을 하시다니 놀랐습니다. 지금 글 쓰는 것 때문에 활동을 안 하셔서 다소 곤란하신가 본데, 제가 몇 년을 지켜본 바로는 누가 뭐래도 형님께서 이 상황을 잘 이겨 내실 거라고 믿습니다. 전 확신합니다. 파이팅!"

선뜻 계약을 해주는 것도 고마운데 눈물이 날 만큼 믿음과 격려의 말까지 해 주니 몸 둘 바를 모를 정도였다. 그러나 나는 그 어떤 말이나 행동보다 '고맙습니다'라는 말밖에 떠오르지 않았다.

"고맙습니다."

이렇게 위기를 무사히 넘기고 난 뒤에 다시 한 번 나 자신을 되돌아봤다. 그동안 열정을 가지고 뛰어다니며 노력한 것도 지금의 나를 있게 한 것이라 할 수 있지만, 무엇보다 나에게 믿음을 보내는 분들이 아니었다면 하루 세 끼라도 제대로 먹을 수 있었을까 싶다. 지금까지 아이들을 키우고 부모님께 자식 된 도리를 하고 집안의 대소사를 해결하며 살 수 있었던 것은 이런 고객들 덕분이었다.

적도 상공 36,000km지점에는 지구의 자전속도와 같은 시속 11,00Ckm의 속도로 지구 주위를 돌고 있는 '정지궤도 위성'이 있다. 대부분의 방송이나 통신 위성은 정지궤도 위성이다. 이 위성이 처음부터 그 위치에 있던 것은 아니고 어렵사리 지구에서 쏘아 올린 것이다. 조립에서 발사까지 그 과정은 너무나 어려워 실패를 겪는 게 다반사라 할 정도이다. IT와 과학기술의 강국이라 하는 우리나라도 몇 번의 위성 발사 실패를 겪었다. 또 가까스로 위성을 쏘아 올리면 대기권을 뚫고 올라가는 동안 폭발하지 않을까 노심초사 지켜보고 있어야 한다. 이토록 어려운 과정을 견뎌 내고 궤도에 올라간 위성에서 지구를 바라보면 경이로움 그 자체라고 한다. 그동안 지구라는 땅 위에서는 보지 못했던 새로운 세상을 보는 것이다. 이렇게 한 번 궤도에 올라선 위성은 수명이 다할 때까지 지구 위에서 제 역할을 수행하며 또 하나의 별이 된다.

보험일도 마찬가지이다. 고액 보험 계약이라는 궤도 진입을 위해 거쳐야 하는 어려운 과정이 있다. 위성처럼 궤도에 오르기까지 겪어야 하는 과정에서 많은 사람들이 견뎌 내지 못하고 탈락한다. 나 또한 보험 영업을 시작하고 9개월이 지났을 때 이런 궤도 진입이 절실히 필요했다. 이때만 해도 나는 해야 할 공부는 많고 실적은 별로인 초보 보험인이었다. 이런 생활이 계속되니 점점 조급해지기만 할 뿐이었다. 뭔가 도약할 수 있는 발판을 마련할 때였다. 그러나 가족 위주의 1차 지인 시장에서 영업한 이후에 2차로 소개 시장, 3차 개척 시장으로 진입하는 과정은 생각처럼 쉽지 않았다. 자산가들이 모여 있는 멤버십 모임에 가입하려 해도 초보인 나로서는 언감생심이었다. 또 아무리 지인이라 해도 자산가의 경우에는 경력이 미천한 나 같은 초보 설계사에게 자산관리를 맡기는 경우는 매우 드물어 고액 계약 궤도 진입은 난공불락의 요새처럼 여겨졌다. 포기할 것이냐, 아니면 어떻게든 돌파구를 찾을 것이냐 하는 기로에 있을 때 나에게 궤도 진입의 기회를 열어준 분이 계시다.

우리나라의 여성복 대표 브랜드인 LYNN, LINE, kenneth lady, KL, le-colette를 가지고 있는 LYNN COMPANY와 LINE BY LYNN COMPANY의 문우옥 사장님과 문경란 사모님은 전국 주요 백화점과 상권에서 독보적인 판매 실적을 올리는 패션계의 리더들이다. 게다가 이분들은 주먹구구식 경영이 아니라 상당히 시스템적인 경영을 추구하신다. 대통령 표창을 받을 만큼 세무나 회계 부분에서도 투명하게 운영하는 분들이니 자산관리에 있어서도 상당히 꼼꼼하셨다. 그러다 보니 어줍잖은 연줄이나 언변만으로는 계약을 따낼 수가 없었다.

이분들이 보험 상품에 가입하려 한다는 이야기가 업계에 돌자 너도나도 총력전을 펼치며 달려들었다. 내가 이분들을 만날 때도 이미 다른 회사에서 지점장까지 나서서 열띤 계약 유치를 전개하는 중이었다. "CEO PLAN"이란 상품 컨셉을 들고 이분들과 계약을 해야 하는 나로서는 매우 험난한 경쟁을 이겨 내야만 했다. 내가 그분들에게 계약을 하려던 CEO PLAN은 CEO의 퇴직금 재원 마련을 위한 상품 컨셉이다. 일시에 퇴직금을 수령했을 때 발생할 수 있는 회사의 자금 문제를 막아줄 수 있고, 평소에는 회사의 여유 자금을 보관하는 방법으로 활용하기 때문에 회사 보유 자산으로 설정할 수 있다. 그래서 재무건전성 심사 시 좋은 점수를 받을 수 있고, 회사의 자금이 급박할 때는 긴급 자금으로도 활용된다. 또 퇴직금 지급 규정의 특성을 활용해 퇴직금을 절세해서 받을 수 있어 많은 CEO들이 선호하는 상품 컨셉이기도 하다.

이 CEO PLAN은 상당한 금액의 청약이 나올 수 있는 상품 컨셉이기 때문에 단 한 건이라도 계약을 성사시키면 내 영업 등급이 올라갈 뿐만 아니라 이를 계기로 본격적으로 고액 보험 시장에 진입할 수 있기 때문에 늘 계약 성사를 희망했던 상품 컨셉이기도 했다. 하지만 내 경력이 미천해서 기회도 없을뿐더러 그 시장에 접근하기도 매우 어려웠다. 그때 사장님을 만난 것이다.

"CEO PLAN이란 것을 알고 있나?"

"네? 아, 알고 있습니다. 사실 그것 때문에 찾아 뵌 것입니다."

처음 사장님을 만났을 때 대뜸 상품에 대한 문의를 하자 가뜩이나 긴장하고 있던 나는 깜짝 놀라 약간 말을 더듬었다. 다행히도 사장님은 개의치 않고 상품에 대해 짧게 설명해 보라고 하셨다. 잠시 숨을 고르던 나는 성의껏 답변을 했고, 이미 관련 내용을 알고 있던 사장님은 진지하게 몇 가지를 더 질문하셨다. 나는 대화를 하는 내내 너무 긴장한 나머지 스스로도 내 말끝이 떨리는 것을 느낄 수 있었다.

"사흘 뒤 2시쯤 자세한 자료를 만들어서 가져오게."

"네, 알겠습니다. 사흘 뒤 2시에 다시 찾아 뵙겠습니다."

나는 이틀간 자료를 준비하면서 세무 관련 책자를 몇 번이고 반복해서 봤다. 그리고 회사 자료집과 기타 관련 사항을 최종 점검하고 다시 자료를 고쳐 가며 철저한 준비를 했다. 이렇게 밤을 새워 자료를 만들던 나는 미팅 날짜가 다가올수록 자꾸만 초조해졌다. 상품 설명만 잘한다고 해서 나에게 기회가 올 것이라고 생각되지 않았다. 뭔가 더 어필할 수 있는 것을 찾아야만 했다. 그러나 그 뭔가를 생각해 내기란 쉽지 않았고, 시계가 째깍째깍 소리를 낼 때마다 심장이 쿵쾅거릴 정도로 압박감만 받고 있었다. 심지어 집에서 잠시 잠이 들었을 때 꿈에서도 상담하는 장면이 나올 정도로 온 신경이 사장님과의 상담에 쏠려 있었다. 그렇지만 꿈속에서도 나는 만족스러운 상담을 하지 못했다. 그저 우리 회사의 상품이 좀 더 좋다는 말밖에 하지 못했던 것이다.

잠시 잠에서 깬 나는 답답함을 느꼈다. 그러다 나도 모르게 다시 잠이 들었고 또다시 사장님과 상담하는 꿈을 꿨다. 그때 나는 뭔가 대답을 하고 있었는데, 얼른 깨어나 그 내용을 메모했다. 그리고 노트북을 켜서 자료의 마지막에 한 줄을 더 집어 넣었다.

마지막 준비를 마친 나는 밖으로 나섰다. 그리고 사장님과의 약속 시간에 맞춰 조금 일찍 회사에 도착했다. 내가 비서에게 약속 내용을 확인하자 그 비서는 "어제도 다른 회사분들이 다녀가셨는데"라며 고개를 갸웃거렸다. 이미 예상한 일이었지만 초조함은 더욱 심해졌다. 그러나 떨고 있을 수만은 없어서 크게 심호흡을 하고 문을 두드렸다.

"자네 회사의 상품이 다른 회사와 다르다는 말인가?"

상품 설명을 어느 정도 하고 나자 사장님은 단도직입으로 나에게 물었다.

"네. 회사와 사장님, 그리고 사모님께 더 좋을 것이라 생각합니다."

"그래?"

나는 이때다 싶어 꿈에서 깨어나 얼른 메모했던 내용을 적은 자료를 보여 드리며 말했다.

"수익성도 좋지만 안정성과 유동성도 가지고 있어야 합니다. 또한 제가 이 상품을 권해 드리는 것은 저에게 이런 기회를 주신 사장님과 사모님께 고맙기 때문입니다."

"알았네."

곧바로 확답이 나올 리 없는 자리라 인사를 하고 사무실을 나왔던 나는 상담 전보다 더 긴장되는 것을 느꼈다. 그리고 시간이 흘러 마감일이 되자 도저히 자리에 앉아 있을 수가 없었다. 일단 자리에서 일어나 사장님이 있는 회사 쪽을 향해 두 손을 모아 기도를 하며 연락을 기다렸다. 그리고 휴대폰이 울리면 혹시나 하는 생각에 깜짝 놀라며 시간을 보내고 있었다. 이렇게 초조하게 일과를 보내던 중에 문득 시계를 보니 오후 3시였다. 마감이 6시라서 늦게 연락이 오면 사무실을 오고가는 시간 때문에 마감 안에 계약을 마치지 못할 거란 생각이 얼핏 들었다. 차라리 사장님의 사무실 근처에서 기다리는 게 나을 것 같다는 생각에 아예 회사 밖으로 나왔다.

밖으로 나와 택시를 타려다 관뒀다. 괜히 일찍 사무실 근처에 가서 서성이다가 눈에 띄는 것도 우스운 일이었다. 차라리 걸어가면 1시간 정도 걸릴 테니 그렇게라도 시간을 때우는 게 낫다는 생각이 들었다. 생각을 정리하고 발걸음을 옮기려다가 바짝 탄 속을 식히려고 물을 사러 편의점에 들렀다. 물 한 병을 고르고 계산을 하려고 지갑을 꺼내드는 순간 갑자기 전화가 왔다.

"사장님 결재가 났습니다. 축하드립니다. 마감 시간이 얼마 남지 않았을 텐데 어서 오십시오."

드디어 계약이 성사되는 순간이었다. 나는 허둥지둥 밖으로 나와 택시를 타고 사장님의 사무실로 달려갔다. 회사 앞에서 내린 나는 꿈인지 생시인지 모를 정도로 설레는 마음을 가까스로 진정시키고 사장님의 사무실로 들어갔다.

"어려운 결정을 했네. 초심을 잃지 말고 잘 관리해 주기 바라네."

"고맙습니다!"

이때도 나는 단지 "고맙습니다"는 말밖에 할 수 없었다. 그러나 그 어떤 말보다 더한 진심을 담은 말이었다. 이 계약으로 새로운 시장 진입에 성공했으니, 인공위성이 궤도에 오른 것처럼 나도 보험 계약의 선순환 시스템을 갖춘 것이나 다름없었다.

경력이 1년도 채 되지 않은 설계사에게 이런 고액의 계약을 한다는 것이 결코 쉽지 않은 결정이라는 것을 알기에 무엇이든 보답을 하고 싶었다. 그러나 사장님과 사모님은 자주 찾아와 좋은 정보를 주고 관리만 잘해 주면 된다고 하실 뿐이었다. 나는 사장님의 당부대로 오랫동안 건강하게 고객을 관리하는 것이 최선의 보답임을 새삼 깨달으며 다시 한 번 "고맙습니다!"라는 인사를 꾸벅하고 밖으로 나왔다.

나는 이 두 가지 경험을 하고 난 뒤부터 고맙다는 말의 깊은 뜻을 헤아릴 수 있게 됐다. 고맙다는 말은 그저 흔히 쓰는 관용어구여서는 안 된다. 그 말은 정녕 나의 인생에 새로운 전환점이 되었거나 소중한 도움을 받았다는 것을 진심으로 느끼는 마음에서 나와야 한다. 그리고 고맙다는 말을 하는 순간부터 진정으로 상대방을 위해 최선을 다한다는 각오를 해야 한다. 그래야만 정말 고마운 것을 갚을 수가 있다.

꿈을 향한
새로운 도전

상록수처럼
살리라

　내 인생의 전환점은 초등학교 때 서울로의 전학, 고등학교 3학년 때 큰형님이 돌아가신 사고, 신규 브랜드에서의 직장 생활, 그리고 보험회사로의 이직 등이다. 하나같이 힘든 고비를 넘겨야만 했던 순간들이었다. 이렇게 힘들었던 일들이 이제는 삶을 지탱하는 그루터기와 옹이가 되어 나를 더 강하게 만드는 인생의 굳은살이 됐다.

　이런 삶의 고비들을 넘어오며 나에게는 좌우명이 하나 생겼다. "내가 바로 서야 집안이 잘 돌아간다"이다. 나는 지금도 이 좌우명을 메모지에 적어 모니터 옆에 붙여 놓은 채 끊임없이 되새기고 있다. 덕분에 나는 아무리 힘든 상황이 와도 절대 쓰러져서는 안 된다는 생각으로 지금껏 버틸 수 있었다.

　어차피 인생은 홀로서기이다. 늘 옆에서 누군가 도와주기를 바라지만 말 그대로 그것은 막연한 바람에 그칠 뿐이다. 그래서 나는 주위의 도움을 기대하지 않는다. 사랑하는 가족, 나를 믿고 지켜봐 주시는 수많은 고객분들. 그들이 내 삶의 이유는 될지언정 나는 결코 그들에게 기대하거나 의자하려 하지 않는다.

이런 생각을 하다 보면 사시사철 내내 푸른 상록수가 떠오른다. 사람은 나이가 들면서 세월의 흔적이라 할 수 있는 흰머리가 나지만 상록수는 늘 푸른 잎을 자랑하며 홀로 꿋꿋이 자신의 자리를 지킨다.

내가 상록수의 의미를 처음 생각하게 된 것은 대학 1학년 때였다. 그때는 지성인들의 '행동하는 양심'을 간절히 원했던 시대였다. 그래서 대학가에는 시위가 많았다. 1학년 때 처음 시위에 나갔던 나는 날아오는 최루탄과 곤봉과 방패로 무장한 전투경찰을 보고 순간 두려움에 빠졌다. 선배들은 대열을 무너뜨리지 말고 치열하게 싸우자고 독려했지만 대학 1학년생의 어린 가슴은 걷잡을 수 없이 뛰고 있었다.

비록 두려운 마음이 들어 잠시 주춤하긴 했지만, 모두가 외치는 구호의 함성과 어깨동무를 한 학우들의 존재가 내게 힘이 돼 주었다. 이렇게 함께 걷는 길은 역사에 새로운 장을 여는 길이라는 믿음으로 조금씩 발걸음을 내디뎠다. 그러나 경찰의 진압은 강경했다. 몇 번의 치열한 공방이 오가다가 결국 학교 안까지 전경이 들이닥쳐 학생들은 뿔뿔이 흩어져 버리고 말았다. 나도 어쩔 수 없이 교내 구석진 곳으로 피해서 상황을 살폈다. 그때였다. 어디선가 들려오는 노랫소리가 내 가슴을 후벼 팠다.

"저 들에 푸르른 솔잎을 보라······."

가수 양희은 씨가 부른 〈상록수〉를 누군가 부르자 너도나도 함께 이 노래를 따라 불렀다. 나는 지금 이 순간 내가 조국을 위해 할 수 있는 일은 오직 이 노래를 부르는 것밖에 없다는 듯 목 놓아 노래를 불렀다. 그리고 불현듯 큰형님이 돌아가셨던 고등학교 3학년 때의 아픔이 떠올랐다. 노래 가사처럼 더 이상 어려움을 주지 말라고 세상을 향해 손사래를 치고 싶었던 시절이 생각난 것이다.

사실 나는 대학교에 들어오기 전까지 심한 자괴감에 빠져 있었다. 초등학교 때 서울로 유학을 와서 공부한 결과가 결국 이 학교였나 싶어 우울했다. 물론 고등학교 3학년 때 형님의 죽음으로 인해 충격을 받은 나머지 공부를 제대로 하지 못했던 탓이 컸다. 당시 나는 "왜 사는지, 무엇 때문에 사는지, 인생이란 게 대체 뭔지"에 대해 깊은 고민을 했다. 야간 자율학습 시간에 학교에서 나와 혼자 동네 뒷산에 올라 소주를 마시며 세상에 대해 절규를 하곤 했다. 동네 골목길을 걷다가 나도 모르게 벽을 주먹으로 힘껏 쳐 손이 피투성이가 된 적도 있었다. 큰형을 잃은 슬픔으로 더 이상 인생의 의미를 찾을 수 없었던 나는 좀처럼 그 깊은 방황을 끝낼 수가 없었다.

마음이 만신창이다 보니 대학 입시는 더 이상 나에게 아무런 의미가 없었다. 대학 입시를 치를 때도 갑자기 맏이가 돼 버린 작은형이 시골에서 올라와 나를 챙겨 주지 않았다면 시험을 치르지 못할 뻔했다. 작은형은 내 심정은 아랑곳하지 않고 죽은 큰형한테까지 기도를 하며 내 시험을 걱정했다. 그렇게 치른 시험 성적으로 다니던 고등학교 인근 대학에 원서를 넣었다.

평소에 가고 싶은 대학과 학과가 아니었던 탓에 합격을 해도 심드렁했던 내가 불안했는지 어느 날 어머니가 올라오셨다.

"어려서부터 고생하며 열심히 공부했지만 어쩌겠냐. 너에겐 아무 말도 하지 않을 테니 부모 얼굴 봐서라도 그냥 다녀라."

난 어머니의 말씀에 그만 울음을 터뜨리고 말았다. 너무나 고마운 말씀이었지만, 나는 내가 원하는 대학에서 원하는 공부를 할 수 없다는 것과, 형은 죽었는데 나는 대학에 진학해 웃고 지낸다는 것이 자신 없었기 때문에 마음이 고달팠다. 결국 나는 재수를 선택했다. 그리고 다시 대학 시험을 봤다. 그즈음에 내가 있던 하숙집의 사위 되는 형님이 오셔서 나에게 조언을 해 줬다.

"수원에 가면 A 대학교가 있다. 너한테 잘 맞을 거야. 나도 힘들 때 가끔 그 학교를 가 보는데, 뭐랄까 차분하고 조용해서 마음의 안정을 취하기에도 좋더라. 너도 지금 생각이 복잡해 보이지만 그 학교에 가면 어느 정도 정리가 될 거다."

그 형님의 말대로 그 학교는 나와 잘 맞았다. 그리고 시간이 흘러가면서 조금씩 안정되어 가는 나를 발견할 수 있었다. 그렇게 내 젊음을 되찾아 가는 과정에서 나를 격려해 준 것이 바로 〈상록수〉라는 노래였다. 사회과학대 학생회장이었던 나재훈이란 친구와 함께 '고슴도치'라는 만화 동아리를 만드는 등 점점 푸르른 청년의 인생을 살아갈 수가 있었다. 이때는 경제학과 학생답게 다양한 경제 서적을 읽으며 시간을 보냈는데, 이때의 독서 습관과 독서량이 지금 고객들과 대화를 나눌 때 많은 도움이 되었다. 이처럼 푸르른 상록수의 삶을 되찾은 나는 조금씩 세상 밖으로 나갈 준비를 하고 있었다.

　푸른 상록수의 세상 나들이는 여느 사람들처럼 가혹한 찬바람을 맞는 것에서부터 시작됐다. 신규 브랜드에서의 직장 생활은 한마디로 피를 말리는 하루하루였다. 특히 상사였던 영업과장과의 생활은 지옥이었다. 오죽했으면 퇴직할 때의 사유가 "과장 당신과 더 같이 근무하다가는 내가 죽을 것 같다"였을까.

　이때 나는 자신의 우월적인 지위를 행사하는 사람들과 부딪치는 인간관계가 얼마나 아랫사람에게 깊은 상처를 주는지 알게 됐다. 그뿐만 아니라 편리에 따라 토사구팽 하듯 사람을 대해서는 안 된다는 것도 깨달을 수 있었다. 하지만 세월이 흘러서일까, 그때 미안해서일까, 아니면 고운 정 미운 정이 다 들어서일까. 지금은 본부장이 된 그분과 사이 좋게 잘 지내고 있다. 그분은 그때의 나처럼 주어진 일을 악착같이 해내려는 후배가 없어서 아쉽다며 보험일을 적극적으로 도와주고 있다.

　그 이후 연이은 사업 실패와 새로운 직장에서의 좌절로 상록수는커녕 땔감 신세도 못 되겠다는 생각에 보험회사로 자리를 옮겼다. 결혼을 하고 아이도 있는 상황에서 쉽지 않은 결정이었다. 나는 어려운 이직 결정만큼이나 고된 영업 생활을 해야만 했다. 게다가 믿었던 사람들에게서 상처도 많이 받았다.

하지만 그 모든 고비들을 넘기고 나니, 나는 '종합재무설계사, 종합자산관리사, 재정설계사, 보험설계사'라는 라이센스를 가지고 활동하게 되었고, 지금의 내 직업이 참으로 좋다. 고객과 상담하며 현명한 솔루션을 제공하는 보람은 이루 말할 수가 없다. 그러다 보니 수시로 공부하고 술을 절제하는 내 삶이 상당히 만족스럽다. 혹자는 어떻게 그러면서 사냐고 하지만 오히려 고객들과 함께 열심히 살아가는 삶이 즐겁기만 하다. 내가 동경해 오던 푸른 상록수와 가장 닮은 모습이기 때문이다.

　물론 내 인생이 언제까지 지금처럼 상록수의 모습을 지키고 있을지는 알 수가 없다. 하지만 매 순간마다 상록수를 닮고자 하는 의지만은 분명히 가지고 있다. 어떤 경우에도 평정심을 잃지 않는, 그리고 늘 푸른색을 잃지 않는 상록수가 되어야만 어떤 어려움에도 쉽게 꺾이지 않는다. 지금껏 인생의 전환점이 된 몇몇 고비들은 내 인생의 상록수에 필요한 자양분이 되어, 상록수의 깨달음을 삶 속에서 실천할 수 있도록 도와주고 있으니 어쩌면 나는 영원히 상록수처럼 푸르를 수 있을지도 모른다.

함께 할 때
꿈은 이루어진다

"빨리 가려거든 혼자 가라.
멀리 가려거든 함께 가라.

빨리 가려거든 직선으로 가라.
멀리 가려거든 곡선으로 가라.

외나무가 되려거든 혼자 서라.
푸른 숲이 되려거든 함께 서라."

위의 글은 종종 사무실에서 내가 속한 'VIP TEAM'의 직원들을 바라보며 떠올리는 글귀이다. 인디언 속담인 이 글귀는 그들의 삶의 지혜를 잘 보여 준다. 게다가 여기에는 자연에서 배운 이치가 고스란히 담겨 있는데, 그들은 빨리 가는 것과 멀리 가는 것의 차이, 나무와 숲의 차이를 이야기하며 결국 함께 가야함을 강조하고 있다.

내가 생각하는 일류와 삼류의 차이도 굳이 어려운 논리로 설명하지 않아도 인디언의 자연 생활을 통해 쉽게 설명할 수가 있다. 삼류는 작은 밀가루 반죽을 보면 서로 먹겠다고 달려들어 다툰다. 그러다가 반죽은 갈기갈기 찢겨 땅에 떨어지고 끝내는 흙먼지를 뒤집어써서 모두가 먹지 못하는 쓰레기가 되고 만다. 반면에 일류는 어떻게 하면 자기를 포함해서 모두가 잘 먹을 수 있는 파이로 크게 만들 수 있을지 고민한다. 그리고 서로 협력하여 모두가 함께 나누어 먹을 수 있는 맛있는 파이를 완성시켜 낸다. 무릇 팀이란 일류처럼 서로가 나눠 먹을 수 있는 파이를 만드는 곳이어야 한다.

부지점장 1명과 동료 5명, 그리고 비서 2명으로 이루어진 팀원들은 나에겐 인디언의 푸른 숲과도 같은 존재이다. 이곳에서 나는 함께 먹을 수 있는 파이를 만들어야 한다. 그런데 나도 인간인지라 가끔은 바쁜 직장 생활을 핑계 대며 동료들에게 무심히 대할 때가 있었다. 동료들이 떠난 빈자리를 보며 나는 내가 그들에게 조금 더 신경을 썼더라면 결과는 달라지지 않았을까 하는 때늦은 후회를 하기도 했다.

물론 스카우트 제의를 받았거나 실적이 안 좋아서 떠나는 동료들을 막을 수도 없고, 또 막을 필요도 없다. 모두가 각자의 판단에 따라 행동하는 것이기에 타인이 개입할 여지는 거의 없다. 그러나

이별의 악수를 나누고 그들을 떠나 보내고 난 뒤에야 나는 "아차!" 하며 반성을 했다. 왜 함께 있을 때 푸른 숲과 파이를 만들지 못하고 떠나게 했는지 아쉬운 것이다. 굳이 그렇게까지 미안해 하고 반성할 이유가 있냐고 반문하는 사람들도 있지만, 그 말을 들으면 직장 생활을 너무 삭막하게 생각하는 것 같아 쉽게 동의할 수가 없다.

이런 반성을 통해 다시 한 번 보험일을 하는 동료들에게 함께 갈 수 있는 길을 보여 주도록 노력하게 된다. 보험이란 원래 성공이라는 목표를 향해 혼자서 모든 것을 개척하는 영역이다. 일반 직장인들과 달리 자신의 노력만큼 그대로 결과가 주어지기 때문에 무엇보다 중요한 것은 자신을 스스로 컨트롤하는 능력이다. 그러나 그 과정을 온전히 혼자서 감내하라는 것은 너무 가혹하다는 생각이 들어 가급적 함께 성공의 길을 모색하고자 노력했다.

나는 우선 동료들과 함께 스터디를 시작했다. "학생이 배울 준비가 됐을 때 선생이 나타난다"는 속담처럼 팀원 모두가 공부의 필요성을 절실히 느끼자 너 나 할 것 없이 자신이 가지고 있는 정보와 지식을 꺼내 놓았다. 매주 한 권씩 책을 보며 연구하고 서로의 실적을 발표하며 알찬 정보와 성공의 노하우를 나누는 스터디는 그 효과가 매우 컸다. 그러나 가끔 성과가 없는 동료가 나오기도 했다. 이럴 때면 아무리 좋은 말을 해 주고 방법을 알려 줘도 스스로 공부하고 브딪쳐 보지 않으면 자기 것이 될 수 없다는 평범한 진리를 떠올리게 된다.

이런 진리를 미처 깨닫지도 못한 채 쉽게 직장을 옮기는 동료들도 많다. 그러다 보니 어떤 일이라도 부딪쳐서 깨져 봐야 고칠 것이 무엇인지 파악할 수 있다는 훈련을 제대로 경험하지 못한다. 그리고 일단 도전을 해 봐야 성공 혹은 실패라는 뚜렷한 결과를 얻을 수 있다는 것도 제대로 알지 못한다. 이렇게 매번 도전하다가 지레 포기하는 습관을 가지게 되면 새로운 도전에 대한 두려움만 기억하게 된다. 때문에 그들은 새로 옮긴 직장에서도 여전히 둥지를 틀지 못한 채 철새처럼 다시 다른 곳으로 옮겨갈 생각만 하게 되는 것이다.

따지고 보면 모든 사람들이 처음부터 스터디에 열성적이고 베테랑의 면모를 보이지는 않았다. 하지만 "강자가 아니면 상황은 결코 변하지 않는다"는 말처럼 어려운 환경을 극복하기 위해서는 스스로 그 환경을 변화시킬 수 있는 역량을 키워야만 한다. 그 역량을 키울 수 있는 가장 효과적인 방법은 외부가 아니라 내부에 있다. 즉 누군가의 도움이 아니라 내부 동료들이 힘을 모아 역량을 키워 나가야 하는 것이다.

떠난 동료들에 대한 아쉬움은 이런 반성의 의미를 더욱 간절히 깨닫게 해 주었다. 팀원 모두가 함께 스터디를 준비하면서 자신감을 가지게 되고, 이렇게 가진 자신감이 곧 열정으로 바뀌어 고객을 감동시킬 수 있었다. 또한 영업 역량뿐만 아니라 자신들을 되돌아보는 계기가 됐다고 하니 여러모로 값진 스터디가 이루어지고 있는 셈이다.

대개 사람들은 자신에게 주어진 상황과 냉정한 현실을 앞에 두고 두 부류로 나뉜다. 일찍 체념하고 능력의 한계를 스스로 규정짓는 사람과, 어떻게든 발전적인 형태를 지향하며 한계에 도전하는 사람. 조직이 원하는 것은 당연히 후자의 사람들이다. 나 역시도 작은 성공과 기쁨이라도 소망하는 동료들을 그냥 보낼 수는 없었다. 그렇게 시작한 스터디는 우리 팀을 넘어서 좀 더 범위가 확장되었다.

부지점장과 지점장을 만난 나는 아쉽게 떠나는 동료들의 현실에 대해 다시 한 번 설명하면서 스터디의 확대를 역설했다. 일정 수준 이상의 제도권 교육을 받고 나름대로의 사회 경력을 갖춘 인재들이 아무런 발전 없이 사무실을 지키고 있다가 나가 버리는 것도 조직 입장에서는 큰 손실이라는 점에 그 두 분도 동의했다. 그리고 "Back to the basic"이라고 하는, 고객을 대하는 기본적인 마음 자세로 돌아가는 교육을 하자고 뜻을 모았다. 그래서 매월 한 명씩 지점장이 추천하는 다른 팀의 동료를 합류시켜 세미나와 조인 워크 Join-Work를 실시했다.

스터디에 참가한 동료들은 서로가 가지고 있는 장점들을 자연스럽게 벤치마킹했다. 그러면서 누가 리드를 해서 진행하는 스터디가 아니라, 서로 역할을 나눠 지식과 정보를 공유하는 성격을 띠게 됐다. 내가 좋아하는 문구 중 하나인 "내 뒤를 따르지 마시오. 나는 그대를 이끌고 싶지 않소. 내 앞에 나서지 마시오. 나는 그대를 따르고 싶지 않소. 다만 내 옆에서 나란히 걸으시오. 우리가 하나가 될 수 있도록"의 의미처럼 모두가 머리를 맞대며 진화의 길을 모색

했다.

모두 함께 모여 회의를 하며 파트별로 준비된 자료를 토의하는 스터디 일정은 스케줄로 관리할 만큼 철저하게 진행했다. 어느덧 이 스터디는 자신뿐만 아니라 서로가 서로를 위해 노력하는 자리로 발전하며 자리를 잡아 갔다. 서로가 알고 있는 정보가 모여 보물이 되고 태산이 되어 각자의 경쟁력을 키워 줬다. 또한 회의를 할 때마다 샘솟는 아이디어를 보면서 감탄한 적도 한두 번이 아니다. 때로는 동료의 장점을 모방하며 새로운 창조를 하는 모습에서 세포분열의 과정을 떠올리기도 했다.

스터디가 효과적인 운영을 거듭하며 내실을 기하자, 나는 외부 강의 요청이 들어올 때 함께하는 동료들 중에서 몇몇을 데리고 갔다. 서로가 오랜 시간 동안 함께했더니 저마다 베스트 인재가 됐다. 최선을 다할 줄 알고, 또 최고를 지향하는 그들은 어느덧 긴장하던 모습은 사라지고 시키지 않아도 각자 할 일을 알아서 해낸다. 이처럼 함께하면 내게 없었던 힘도 생기고 프로페셔널이 되기 위한 도움도 받을 수 있다. 괜히 "우리 함께 이 길을!" 하고 외치는 게 아니다. 그렇게 해야만 더불어 살고, 또 나 자신도 진화하기 때문이다.

패자의 함정을
조심하라

　흔히들 어떤 계기로 의욕이 꺾이고 일이 잘 풀리지 않는 경우를 '슬럼프'라고 한다. 이 슬럼프가 오래가면 우울증 환자처럼 축 늘어져 자신의 활동에 상당히 좋지 않은 영향을 끼치게 된다. 보험일을 하면서도 이런 슬럼프를 겪는 동료를 보게 될 때가 있다. 그동안 꾸준히 잘해 온 직원도 매번 자신의 현재 상태를 체크하지 못하고 있다가 갑작스레 슬럼프에 빠져 허우적대기도 한다. 이때 그 사람은 포기냐 재기냐의 갈림길에 서게 될 정도로 심한 고통에 시달리게 된다.

　이런 슬럼프와는 달리 성공의 경험에 너무나 도취된 나머지 한순간에 실패의 나락으로 빠지는 경우도 있다. 엄청난 노력으로 승리를 맛보게 되면 남성 호르몬인 테스토스테론과 통증을 잊게 해주는 엔도르핀이 급격히 상승하며 연이은 성공의 에너지로 작용한다.

이렇게 꾸준히 상승곡선을 그리며 가다 보면 어느덧 긴장감은 떨어지고 모든 정보를 자신에게 유리하게만 해석하려 든다. 분명히 주변에서 위기의 경고등이 요란하게 깜빡거리데도 그냥 무시해 버리는 것이다. 이러다 나도 모르게 함정에 빠지고 마는데, 이를 '패자의 함정'이라고 한다.

패자의 함정을 비켜 가려면 사전에 자신을 철저히 관리해야 한다. 상품에도 라이프 사이클이 있다. 하물며 사람이 하는 일에서 승자의 상승곡선과 패자의 함정이 없다고 이야기하는 것은 분명 오만이라고 할 수 있다. 그래서 승자의 곡선을 그리고 있다는 생각이 들면 교만과 지나친 자신감을 억제할 수 있도록 마음가짐을 다잡아야 한다. 겸손과 고마움으로 자신을 재무장하고 주위를 다시 돌아보며 소홀히 했던 일이나 사람에게 다시 최선을 다하려고 노력하는 것이다.

패자의 함정은 누군가 몰래 파 놓은 것이 아니라 스스로 자초한 것이다. 때문에 이런 함정에 빠졌다가 가까스로 살아 나오면 누구를 탓하거나 원망하기보다는 그 함정에 빠진 자신의 어리석음을 탓하며 평정심을 유지하려 애쓴다. 그래서 동료들이 가끔 자신의 실패를 토로하며 물어 올 때, 나는 "나도 그런 경험이 있었지" 하며 편안하게 이야기를 해 준다. 물론 동료들은 현재의 성공만을 알고 있기 때문에 "아니, 그렇게나 많이 실패를 하셨어요?" 하고 반문하며 놀란다. 그러나 그렇게 놀랄 이야기는 아니다. 다만 쉬지 않고 도전을 했기에 성공한 것이고, 또 그만큼의 실패와 패자의 함정을 겪은 것뿐이다.

매달 맞이하는 마감을 12번을 치르고 나면 어느덧 1년이란 세월이 흘러간다. 그동안 마감을 잘했을 때와 못했을 때, 계약의 성공과 해지 등 굴곡 많은 열두 고개를 넘어오며 패자의 함정에 빠지지 않았던 것을 스스로에게 고마워한다. 매년 조금씩 목표를 이뤄가는 모습에 스스로 대견해 하며 자신을 격려하는 것이다. 그리고 새로운 도전 목표를 정하는 나만의 의식을 치른다.

나는 목표를 달성하면 반드시 또다시 세운다. 목표 달성에 만족하지 않고 새로운 목표를 잡는 것은 매우 중요하다. 새 목표가 없다면 나 스스로 패자의 함정으로 걸어 들어가는 것과 같다. 타성의 함정에 빠져 허우적댈 수는 없지 않은가.

새로운 도전 목표를 정하는 의식은 화두를 던지는 것에서부터 시작한다. 지난 시간 동안 내가 부족했던 것이 무엇이고, 내가 놓쳤던 것이 어떤 것인지를 되짚어 본다. 마치 바둑을 두고 난 뒤에 복기를 하듯 지난 1년을 복기하며 물음을 던져 본다.

물음을 던지고 스스로 답하는 과정을 거듭하다 보면 부족한 부분을 채워 넣겠다는 목표와 행동 의지가 생기고 실천의 방향을 정할 수 있다. 그 방향은 정북 방향을 가리키는 북극성처럼 뚜렷하다. 이 의식이 끝나면 이제 그 북극성을 따라 길을 걸어가는 일만 남았다. 때로는 흔들리고 무너지고 실패하고 좌절하는 과정을 겪겠지만, 무엇보다 패자의 함정을 피할 수만 있다면 그 길의 끝을 볼 수 있으리라는 믿음을 가지고 말이다. 그리고 나만의 주문을 외운다.

스스로를 통제한다.

스스로에게 의미를 알려 준다.

스스로에게 자신감을 심어 준다.

스스로를 격려해 준다.

스스로에게 열정을 일깨워 준다.

스스로에게 믿음을 준다.

해내야 하고 해낼 수 있다고 스스로에게 최면을 건다.

멘탈을 강하게 만들고 슬럼프나 패자의 함정에 빠지지 않기 위해 스스로에게 거는 주문이다. 보험 영업 등급에서 최고라 할 수 있는 LION이 된 내가 이런 주문까지 되새기며 마음을 가다듬는다고 하면 지나친 겸손이라고 말하는 사람들도 있다. 하지만 최고가 되기 위한 과정보다 최고가 된 후부터의 과정이 더 어렵고 험난하다. 단 한순간도 긴장을 늦추지 말아야 한다. 그렇지 않으면 부지불식간에 급전직하를 겪게 된다.

물론 사람의 인생은 모든 게 순리적이지는 않다. 정체와 발전을 거듭하는 인생의 곡선을 그리며 살아간다. 그런데 어느 순간 비약적인 발전을 이루는 시점이 온다. 혹자는 이를 터닝 포인트라고 하고, 다른 사람은 임계점이라고도 한다. 그런데 임계점이나 터닝 포인트가 올 때까지 마냥 기다리기만 하면 안 된다. 이것은 성공이나 실패와 상관없이 꾸준한 노력을 기울일 때 찾아온다.

내가 보험일을 하면서도 다양한 시장 변화에 대한 대응력과 시장의 변화, 그리고 언제 내가 시장으로 뛰어 들어가야 할지 판단할 수 있는 능력을 지니게 된 것도 이런 과정을 거쳤기 때문에 가능했다. 최저 금액과 최고 금액의 계약 실적 차이는 실로 엄청나다. 당연히 모든 이들이 최고 금액의 계약을 꿈꾼다. 뛰어난 보험설계사들은 보험 계약을 하면서도 임계점을 설정한다. 임계점으로 설정한 금액을 통과해 본 설계사와 그렇지 못한 설계사의 활동 방법은 확연히 차이가 난다. "나는 임계점을 통과해 봤다!"는 자신감의 차이인 것이다.

이런 자신감의 차이는 후속 활동에도 지대한 영향을 끼친다. 상승곡선을 계속 타느냐, 아니면 꺾이느냐의 기로에서 개인의 운명을 결정짓는 것이다. 이렇듯 어느 조직에서나 임계점을 통과하여 자신감을 가진 사람들은 CEO들에게 이런 이야기를 많이 듣는다.

"다른 부서에 가도 잘할 거야. 이 부서에서도 잘했으니 말이야. 난 자네를 믿어."

많은 CEO들에게 인정받는 이런 사람들은 매년 목표를 새롭게 설정하고 또 한 번의 임계점을 마련한다. 나 또한 해마다 나름의 목표를 만든다. 다른 동료들의 목표는 중요하지 않다. 결국 나 자신과의 싸움이냐, 아니면 타협이냐의 선택이기 때문에 나만의 임계점에만 주목하려 한다.

위대한 발명이 우연한 발상으로 이뤄진 경우가 있다지만, 알고 보면 평소에 집념과 노력을 보였기 때문에 나온 산물이다. 그래서 한순간의 성공에 도취되어 노력이나 마인드컨트롤을 게을리하면 패자의 함정이 손짓을 하는 법이다. 물이 팔팔 끓으려면 100도의 임계점에 도달해야 한다. 80도의 불을 가지고 아무리 물을 끓이려고 해도 소용이 없다. 어리석게 패자의 함정에 빠질 게 아니라 자신의 임계점을 찾아야 한다. 그러기 위해서는 자신을 물을 끓일 수 있는 불이라 생각하고 활활 태울 수 있도록 열정과 노력을 다해야만 한다.

차별화와 치열함으로
단련하라

연예인 중에 '붐'이라는 친구가 있다. 지금은 군대에서 복무를 하는 중이라 TV에서 잘 보지 못하지만 나는 그 친구에게 꽤 호감을 가지고 있다. 물론 나와 사적인 인연이 있는 것은 아니다. 게다가 나이 차이도 꽤 나서 친구라고 하기에도 뭣하지만 나는 어쩐지 그에게 친구 같은 친근감을 느낀다. 그 이유는 한 TV 프로그램에서 그가 한 말 때문이다.

어느 날, 회식을 마치고 집으로 돌아와 TV를 켜니 붐이 나왔다. 한 연예인이 붐이 하고 있는 리포터 역할이 마음에 들었는지 대뜸 한번 해 보고 싶다고 나섰다. 붐은 기꺼이 마이크를 내 줬고, 그 연예인은 붐의 흉내를 내며 멘트를 시작했다. 그런데 주위의 사람들이 나타낸 반응은 썰렁했다. 그때 붐이 아무나 리포터 하는 줄 아냐며 충고 아닌 충고를 했다.

"그렇게 낮은 목소리로 하면 전달이 됩니까? 그런 목소리를 들으면 누가 관심을 가지겠어요? 다 잠에 빠지거나 관심을 안 가져요. 그래서 저는 일부러 목소리 톤을 조금 높게 합니다."

그러고는 "안녕하세요! 붐이에요!" 하며 외쳤다. 역시 붐의 말처럼 크게 외치는 목소리가 귀에 착착 감겨 들어왔다. 옆에서 낮은 목소리로 '안녕하세요'라고 하는 사람과 확실히 달라 보였다. 이렇게 그는 스스로를 차별화시키며 자신만의 영역을 다지고 있었던 것이다. 오랜 무명 생활을 거쳤던 붐은 정글과 같은 연예계에서 살아남으려면 무엇보다 남들과 달라야 하고 톡톡 튀어야 한다는 것을 뼈저리게 느꼈을 것이다. 그리고 스스로 노력하여 다른 사람과 차별화하는 데 성공했고, 덕분에 많은 프로그램에서 감초 역할을 톡톡히 하며 자신의 존재감을 드러내고 있다.

차별화에 성공한 붐은 단지 톡톡 튀는 아이디어만으로 승부를 건 것은 아니었다. 붐에 대한 인터뷰 기사 등을 보면 비와 함께 다녔던 고등학교 시절에는 붐이 더 인기가 많은 학생이었고 누가 봐도 떠오르는 신예로 인정받았다고 한다. 그러나 정작 데뷔를 하고 난 뒤에는 상황이 역전되어 비는 월드스타가 됐고 붐은 오랜 무명 생활을 거쳐야만 했다. 그 오랜 시간 동안 붐은 가만히 때만 기다리고 있었을까? 아마도 자신이 가지고 있는 모든 능력을 쥐어짜서 성공을 위해 치열하게 노력했을 것이다.

인디언 속담 중에 "어떤 말을 1만 번 이상 되풀이하면 반드시 현실로 이루어진다. 당신은 늘 중얼거리는 말이 무엇인가?"는 말이 있다. 아마도 붐은 성공을 계속 중얼거리며 스스로를 단련시켰으리라.

1만 번 이상의 되풀이는 거의 자신에게 최면을 거는 것이나 마찬가지이다. 또 간절하게 꿈이 이루어지기를 바라며 빈다는 것은 목표를 상실하지 않고 끊임없이 추구한다는 뜻이다. 인디언의 기우제처럼 비가 내릴 때까지 비는 것은 우스운 농담이 아니라 목표를 잊지 않고 치열하게 노력한다는 것이다. 이렇게 최면에 가까운 자기 단련을 해도 성공하기가 어려운데, 미리 실패를 이야기한다면 어떻게 될까? "우리 머릿속이 아닌 밖의 모든 것은 허상"이라는 말이 있다. 생각을 어떻게 하느냐에 따라 결과는 달라질 수 있다. 미리 좌절할 이유는 없다.

언젠가 큰아이가 밤을 새워 공부를 한 후 아침에 세수를 하며 뭔가 중얼거리는 것을 엿들은 적이 있다.

"잘될 거야. 잘될 수 있어. 잘해낼 거야!"

기왕 밤을 새워가며 공부를 했으니 잘될 거라고 스스로 최면을 걸고 있는 것 같았다. 나는 왜 그러고 있냐고 물었고, 아들은 "그렇게까지 열심히 공부를 했는데 안 되면 너무 억울하기 때문"이라며 웃었다. 세수를 하며 머릿속에다 자신이 노력한 만큼의 결과를 그려 보면서 긍정적인 기분을 가지려는 아이의 모습을 보며 오히려 내가 한 수 배우게 됐다.

가족들과 함께한 첫 해외여행 때도 나는 치열함을 배울 수 있는 소중한 기회를 만난 적이 있었다. 지금까지 묵묵히 아빠만을 바라보고 기다려 준 가족들과 함께 설레는 마음을 한가득 안고 떠난 첫 여행지는 일본의 오사카였다. 가이드와 함께 거리 곳곳을 누비던 중 한 건물 앞에 서게 됐다. 이때 가이드가 "오사카의 상인 정신"에 대해서 이야기를 해 줬다.

오사카 상인 정신

하늘 아래 해가 없는 날이라 해도
나의 점포는 문이 열려 있어야 한다.
하늘의 별이 없는 날이라 해도
나의 장부엔 매상이 있어야 한다.

메뚜기 이마에 앉아 있어도
전전은 펴야 한다.
강물이라도 잡히고
달빛이라도 베어 팔아야 한다.
일이 없으면 별이라도 세고
구구단이라도 외워야 한다.

손톱 끝에 자라나는 황금의 톱날을
무료히 썰어내고 앉았다면
옷을 벗어야 한다.

238

힘을 팔지 못하면 혼魂이라도 팔아야 한다.

상인은 오직 팔아야만 하는 사람
팔아서 세상을 유익하게 하는 사람
그렇지 못하면 가게 문에다가
'묘지'라고 써 붙여야 한다.

오사카의 상인 정신을 듣고 난 뒤 나는 너무나 큰 충격을 받았다. 얼마나 치열하게 살아야 하는지, 또 어떻게 해야 패자의 함정에 빠지지 않는지 그 이야기에 고스란히 담겨 있었다. 그리고 치열하게 산다는 의미가 그저 저만 배부르게 산다는 의미가 아님도 깨우쳐 주었다.

그 이후로 매 순간을 치열하게 살되, 큰아이가 보험일을 시작할 때가 되면 아내와 함께 나눔의 삶을 실천하는 것을 내 삶의 커다란 목표로 세웠다. 우리 부부는 모든 것을 나눠 주고 떠나겠다는 결심을 했다. 큰아이에게 물려줄 것은 재산이 아니라 고객이다. 물질적인 재산은 아내와 함께 넉넉한 나눔을 위해 아껴 둘 것이다.

이런 생각을 가지게 된 첫 해외여행은 참으로 값진 경험이 됐다. 오사카에서 시작해서 고베와 교토, 그리고 후지산과 도쿄, 닛코 등을 거친 여정에서 나는 오사카 상인의 정신을 머리와 가슴에 깊이 새겨 두었다. 그리고 그것은 내 삶의 새로운 목표와 가치관으로 자리 잡아 평생 동안 나를 컨트롤하는 격언이 되었다.

다시 한 번
출발선에 서다

　매년 연말이 되면 새해의 사업계획서를 작성하는 데 온 신경을 집중한다. 사업계획서에는 단지 보험 계약을 위한 계획만 있는 것이 아니다. 일 년 동안 공부해야 할 분야와 진도표까지 시간표를 짜서 만들어 놓는다. 사업계획서라기보다 일 년의 삶을 계획한다는 것이 더 정확한 표현일 것이다.

　그렇게 일 년의 계획을 세우고 나면 가장 중요한 것이 남는다. 바로 목표 금액이다. 이 목표 금액 설정은 아내의 몫이다. 아내는 한 해 동안 살림을 하면서 부족했던 것과 여유가 있었던 것이 어떤 것인지를 더 잘 알기 때문에 구체적이고 현실적인 금액 설정이 가능한 것이다. 이 과정에서 아내의 요구사항을 듣다 보면 앞으로 일년 동안 무엇을 바라고 있는지도 자연스럽게 알게 된다. 부부끼리 무엇을 바라는지 알 수 있다는 것은 매우 중요하다. 서로 간에 원활

한 소통이 이루어지는 가장 기본적인 배경인 것이다. 이렇게 우리 부부는 사업계획서를 만들면서 서로 원활하게 소통하는 부수적인 효과도 얻고 있다.

이런 과정을 거쳐 설정한 목표 금액은 온전히 가장이 완수해야 할 몫이 되어, 일 년을 또 한 번 열심히 살 수 있도록 하는 동기부여가 된다. 그러나 이보다 더 지키고 싶은 목표가 있다. 매년 목표로 삼았다가 아직까지 지키지 못한 것이다.

그 목표는 앞으로 일 년 동안 부디 내가 관리하는 종신보험이나 실손형 보장성 보험, 그리고 자동차 보험 등에서 보험금이 지급되지 않는 것이다. 보험일을 하는 사람으로서 다소 모순된 것처럼 들리겠지만, 나 역시 한 가족의 가장으로 무엇보다 가족의 건강이 최우선이라는 것을 알기 때문에 가지게 된 바람이다. 내가 나의 가족을 생각하는 만큼이나 고객들의 가정에도 아무런 일이 없기를 간절히 바란다. 하지만 현실은 참 가혹해서 1월이 채 넘어가기도 전에 보험금 지급청구서를 접수시킬 때가 많다. 참으로 안타까운 일이다. 그렇지만 이 목표만큼은 매년 세울 생각이다.

그리고 개인적으로는 올해 목표를 세운 것 중에 꼭 달성하고 싶은 것이 있다. 대외적으로는 고객의 이익을 최우선으로 삼는 최고의 직업윤리와 권위를 갖춘 생명보험 전문가를 뜻하는 MDRT(Million Dollar Round Table) 회원으로 이름을 매년 올리는 것이다. 또한 내부 목표로는 연간활동을 평가하는 '컨벤션'과 '서머 페스티벌' 달성, 그리고 FC들의 최고의 영예라 할 수 있는 LION 등급

유지이다.

나는 다시 한 번 이 목표들을 달성하여 지금까지 회사 내에서 주어지는 영광된 자리에 매년 참석했듯이 올해도 변함없이 참석하고 싶다. 그동안 이 글을 쓰면서 고액의 계약 해지가 나오는 바람에 LION 유지율에 문제가 생겨 심각한 타격을 입었다. 이 책을 빨리 독자들에게 보여 드리고 조금이나마 도움을 드리고 싶다는 각오와 스스로의 약속을 지키기 위해 주변에서 영업 활동을 하라는 권유도 잠시 미뤄 뒀었다. 글을 마무리한 후 남은 시간 동안 마이너스가 난 실적의 보전과 LION 유지에 필요한 실적을 올리기 위해 최선을 다해야 한다. 이제 다시 출발선에 선 셈이다.

다시 출발선에 서려니 나의 고객들과 아빠가 LION이라는 것을 자랑스럽게 생각하는 사랑하는 가족, 그리고 명예를 지키고 싶은 나의 간절함이 새삼 떠오른다. 그 간절함이 있기에 분명히 목표는 달성될 것이다. 이미 나는 스스로에게 그렇게 최면을 걸어 놨다. 그래서 보험설계사의 꿈인 월납 1억 원짜리의 10년 납입 상품에 가입하는 고객을 모시겠다는 당찬 포부도 가지고 있다. 그런데 이렇게 커다란 꿈에 못지않은 소박한 꿈도 있다. 지금까지 경제력이 안 돼 월 2만 원 정도 하는 정기보험에 못 드셨던 고객이 계신데, 그분이 얼른 재기하셔서 내가 다시 고객으로 모셔 오는 것이다.

올해의 사업계획서를 다시 들여다 보니 지금껏 있었던 일들이 파노라마처럼 떠오른다. 목표로 설정한 것들을 하나씩 실천하던 순간들을 생각하며 또다시 나 자신의 마음을 다잡는다. 그동안 계획했던 모든 게 내 마음대로 되었던 것은 아니다. 이루지 못한 것들도 분명히 있다. 하지만 그렇다고 해서 누군가를 원망하거나 환경을 탓하기는 싫다. 또한 과거만을 되돌아보며 안타까워하거나 불확실한 미래에 대한 불안감으로 몸을 움츠리기는 더욱 싫다.

지금까지도 거의 맨손으로 모든 것을 해 왔다. 든든한 가정환경이나 비빌 언덕이 돼 주는 주위의 도움도 없이 시작한 보험일이다. 다만 뚜렷하게 목표를 세워 하나씩 이루며 여기까지 왔다. 도중에 힘들고 지칠 때가 있었지만, 그때마다 나를 믿고 자신의 자산을 맡겨 주신 고객들 덕분에 버틸 수가 있었다. 그분들이 나에게 해 주신 청약과 계약이야말로 그 어떤 보약보다 더 값진 약이었다. 그래서 지금은 보험업계 전체의 1등은 아닐지라도 업계 전체의 상위 1% 안에 들어가는 설계사가 될 수가 있었다.

물론 이런 실적은 한낱 일장춘몽처럼 덧없을 수 있다. 워낙 금융 환경의 변화가 빠르고 사회 전체가 급속도로 바뀌고 있기 때문이다. 모두가 빠르게 자신의 이익을 좇아 변해야만 하는 세상이다. 자칫하면 "한때 나도 잘나갔지!" 하며 빛바랜 과거만을 내세우는 못난이가 될 수 있다는 것을 잘 알고 있다.

그렇다고 너무 조급해 할 이유도 없다. 세상이 아무리 빠르게 변한다고 해도 분명 변하지 않는 것이 있다. 그것은 바로 가족이다. 가족에 대한 사랑은 변하지 않는 법이다. 그래서 나는 항상 그 사랑으로 그객을 대하려 한다. 또한 고객이 사랑하는 가족과 함께할 수 있도록 하고, 그 가족의 행복을 크게 불려 주는 길라잡이가 된 것이 더없이 자랑스럽다. 그리고 고객 가족의 행복을 지켜 주는 든든한 동반자로 인정받을 수 있다면 나 자신 또한 더할 나위 없이 행복하리라.

지금까지 고객이 되어 주신 모든 분들께 머리 숙여 고맙다는 인사를 드리며 앞으로 고객이 되실 분들을 따뜻한 가슴으로 맞이할 것이다.

고맙습니다!

"탈고하시고서 그동안 잘 지내셨어요?"

"네. 덕분에 잘 지냈습니다."

"이제 에필로그 써 주시면 모든 집필이 끝납니다."

출간일이 다가옴에 따라 왜 이렇게 마음이 두근거릴까? 우리 아이들이 세상에 태어나 나와 처음으로 눈을 마주치기 전, 분만실 앞에서 애타게 기도하면서 아이들을 기다리던 심정과 같은 기분이 든다.

다시 집필하라면 아마도 긴 호흡을 하고서야 생각을 정리할 수 있을 것 같다. 하느냐 마느냐가 아니라, 다시 할 수 있을까라는 생각이 들기 때문이다.

수개월의 집필 동안 아침 10시부터 밤 11시까지 오피스텔에서

컵라면 하나, 삼각김밥 두 개, 칡즙 한 개, 담배 세 갑, 블랙커피 몇십 잔. 절제와 인내만을 갖고 글을 쓰기에는 전문 작가가 아니다 보니 생각과 내용과 사례를 정리하고 글을 쓴다는 것이 무척이나 힘들게 느껴졌다.

어느 날 글을 쓰고 전철로 향하는데, 왼쪽 발톱이 아파 왔다. 다음 날 일어나 보니 발톱에 문제가 생긴 상태였다. 많이 부어 있었고 걷기조차 힘들었다. 아내가 병원에 들렀다 집필실로 향하라고 했지만, 그날따라 떠오른 영감을 놓치기 싫어 집필실로 향했다. 그러고서 또다시 책상에 앉아 하루 종일 집필을 했다. 결국 책을 쓰다 제때에 치료를 못해 발톱이 빠져 버렸다.

이번 경험으로 작가분들을 존경 안 하려야 안 할 수가 없다. 읽는 것도 힘든데, 글을 '창조'하는 분들이기 때문이다. 집필 기간 동안 얼마나 집중을 했는지 모른다. 그만큼 부족함을 수없이 느꼈고, 이 글을 통해 영감을 얻으실 독자분들을 생각하면 글자 하나하나에도 혼을 싣고 싶었다.

글을 마감하고 원고를 넘겨주기 위해 파주출판도시에 있는 북이십일 출판사를 방문했다. 황상욱 편집팀장과 점심 식사를 하고 원고를 넘겨준 후 자유로에 들어서니 입가 근처가 가려웠다. 흔히 피곤하면 입 가장자리 물집이 생기면서 입가가 찢어지는 현상이 나타난 것이다. 그동안 얼마나 피곤했으면, 그리고 얼마나 긴장을 해 왔으면 탈고하자마자 몸이 이렇게나 빨리 반응할까 웃음이 나왔다.

집필 후에는 두 달 가까이 두통약을 먹어야 했다. 병원에 가야 할 정도였고, 의사 선생님 말씀은 질병이라기보다는 장시간 과도하게 집중한 탓에 나타나는 증상이니 통증이 올 때만 약을 복용하고 마음을 편하게 가지라는 말과 함께 처방전을 내려 줬다.

책을 집필하면서, 그리고 집필 이후에 많은 일들이 있었다. 출간일이 계획보다 늦게 잡히는 바람에 많은 분들이 기다리다 지쳤다며 항의(?)를 하시기도 했다. 진심으로 고마운 분들이다. 편집 과정에서 고마움을 표했던 몇몇 분들과 사례들이 지면 관계로 삭제되었다. 모든 고객분들에게 고마움을 표해야 하는 것이 당연한 도리이나, 그러지 못해 죄송할 뿐이다.

그나마 나에게 주어진 짧은 에필로그 지면을 통해서라도 몇몇 분께는 고마움을 표하며, 그러지 못한 고객분들은 언젠가 다른 기회가 있을 때 고마움을 표하기로 하고 진심 어린 양해를 구하는 바이다.

비타민처럼 고마운 분들

보험설계사는 그 어떤 직업보다 많은 사람들을 만나게 된다. 사람을 직접 만나야만 일이 성사되는 직업이라 전국 방방곡곡에 있는 수많은 사람들을 만나 인연을 맺는다. 이렇게 인연을 맺은 고객 한 분 한 분이 나에겐 매우 소중하다. 그중에서도 오랫동안 나에게 도움을 주시는 고마운 분들이 있다. 이분들은 내가 힘들어 할 때마다 비타민이나 웬만한 피로회복제보다 더한 힘을 주셨다. 이미 본문에서 몇몇 분을 소개했지만, 그 밖에도 진심으로 고마운 분들이 있어 잠시 지면을 빌려 감사의 마음을 전하고자 한다.

먼저 송은화 님이다. 4년째 꾸준히 고객을 소개시켜 주고 계시다. 실제 보험일을 하는 사람들보다 더 영업 실력이 뛰어나다고 할 정도로 대단한 위력을 가지셨다. 특히 서머 페스티벌과 같은 회사 시책이 있을 때는 더 집중적으로 도와주신다. 지금까지 소개받은 분도 50여 명이나 된다. 내가 이분의 고마움에 보답하는 길은 이분의 부모님께서 충남 연기군 전동면에서 재배하시는 포도와 복숭아를 매년 주문해서 선물용으로 쓰거나 우리 가족들이 먹는 게 전부이다. 아무런 대가를 바라지 않고 이렇게 도와주시는 송은화 님께 다시 한 번 고마움의 인사를 드리고 싶다.

그리고 조순용 님. '폰깍지'라는 휴대폰 케이스 제조 및 판매 회사를 운영하시면서 서울의 홍대와 신촌을 비롯해 전국 30여 군데 매장에서 영업을 하신다. 시중에 나와 있는 일반적인 디자인이 아니라 자체 디자인을 고집하고 여러 특허나 실용신안을 가지고 있을 정도로 상당한 실력파이기도 하다. 이분은 저축성 보험을 매년 계약하신다. 남는 게 보험밖에는 없다고 하시며 꾸준히 새로운 계약을 맺는 것이다.

박용수 님은 내가 보험업종으로 오기 전부터 꽤 오랫동안 친구로 지낸 사이다. 보험 영업 첫날 내가 가장 먼저 찾아갔던 사람도 바로 이 친구였다. 일주일에 3건 이상의 보험 계약을 체결하는 3W

을 할 때였다. 마침 한 건의 계약이 부족해 목표 달성을 하지 못할 뻔했을 때도 도움이 되면 좋겠다며 흔쾌히 계약을 해 주었다. 지금은 'ONE&ONE'이라는 캐주얼 의류와 숙녀복, 신사복, 골프 의류 등을 인터넷을 통해 판매하는 인터넷 쇼핑몰 회사의 상무로 근무하고 있다. 워낙 능력이 출중해 회사 매출을 100억 원 대에서 300억 원 대로 올려놓을 정도로 뛰어난 실력을 인정받고 있다.

나는 이 친구가 종종 전화로 세무와 관련한 것을 물어 오면 직접 회사를 방문해 상담을 해 주고, 신규로 시작한 해외 명품 구매 대행 사업에 필요한 제반 업무와 환율 관련 조언을 해 주는 것으로 미약하나마 보답을 하고 있다. 하지만 여전히 내가 주는 것보다 그에게서 받는 게 더 많은 고마운 친구이다.

조성래 사장님은 광명에 사무실을 두고 '아리산 무역'이라는 임가공업체를 운영하시는데, 사장님의 사무실에서 창문을 열고 밖을 내다보면 산과 밭이 보인다. 사장님 말씀으로는 싼값에 사무실을 쓰기 위해 이곳에 오셨다고 하지만 내가 보기엔 전원생활을 좋아하시는 원래 성향이 반영된 것 같다. 과묵하시고 의사 표현을 잘 하지 않는 분이라서 조용한 동네의 분위기가 제법 잘 어울린다. 그리고 가끔 찾아뵈면 고즈넉한 분위기에서 창밖을 바라보며 CEO로서의 책임감에 대해 깊은 고민을 하시는 모습을 종종 볼 수가 있다.

"무엇을 그렇게 생각하고 계십니까?"

"내가 대표로서 회사의 사안들을 제대로 결정하고 있는지 고민하고 있지."

이렇게 매 순간 경영과 회사 식구들을 위해 고민하시는 사장님은 가족에 대한 사랑이 남다른 분이다. 그리고 가족에 대한 사랑만큼이나 직원들에 대한 애정이 깊어 복리후생 차원에서 순수 보장성 정기보험에 전 직원을 가입시켜 주셨다. 이렇듯 직원들에 대한 깊은 애정을 지닌 사장님은 내가 동료들과 함께 가야 하는 길을 보여주시며 일종의 롤 모델이 되고 있다.

텍셀네트컴(주)의 대표이사이신 김진수 대표이사님의 경영철학은 "사람이 사람을 창출한다"이다. 그래서 직원들에 대한 애정과 투자를 아끼지 않으신다. 회사 초창기부터 동고동락해 온 영업총괄 이민식 상무와 송명현 이사 그리고 김인숙 사모님과 큰딸 김예은 양에 대해서는 늘 고마움을 말씀하시는 자상한 면이 있어, 항상 지켜보면서 따뜻한 인간애를 느낄 수 있는 분이다.

부흥어패럴의 오복례 대표님은 보험업계로 이직하기 전부터 알고 지내던 분으로, 그동안 내가 얼마만큼 노력해서 여기까지 왔는지 지켜봐 주셨는데, 집필이 끝난 후 뜻밖의 추가 계약을 해 주셨다. 물론 본인이 필요해서도 있지만, 그동안 나의 성실함과 신뢰에 대한 선물이라며 흔쾌히 추가 계약을 해주신 것이 얼마나 큰 힘이 되는지 모르겠다. 진심으로 고맙다는 말씀을 드린다.

이분들 말고도 고마운 분들은 수없이 많다. 지면의 한계 때문에 다 싣지 못하는 것이 안타까울 따름이다. 모쪼록 이 모든 분들에게 건강과 행복이 늘 함께하기를 진심으로 바라고 또 바랄 뿐이다. 그리고 책을 통해서 가장 간절히 바라는 것은 이 책에서 꿈과 희망,

그리고 도전이라는 힘을 얻으시는 독자분들이 계셨으면 정말 좋겠다는 점이다. 삼각김밥을 먹어 가며 했던 집필의 시간도, 빠진 발톱도, 찢어진 입술도 그리고 그 많은 두통약도 그래야만 보람 있고 웃을 수 있을 것 같다.

고맙습니다!

KI신서 2670

오늘 팔지 못하면 죽는다

1판 1쇄 인쇄 2010년 8월 27일
1판 1쇄 발행 2010년 9월 3일

지은이 박기원 **펴낸이** 김영곤 **펴낸곳** (주)북이십일 21세기북스
기획·편집 황상욱 **본부장** 이승현 **교정** 이수경
마케팅·영업 도건홍 김남연 **디자인** 씨디자인
출판등록 2000년 5월 6일 제10-1965호
주소 (우413-756) 경기도 파주시 교하읍 문발리 파주출판단지 518-3
대표전화 031-955-2155 **팩스** 031-955-2151 **이메일** book21@book21.co.kr
홈페이지 www.book21.com **트위터** www.twitter.com/pcon21

값 13,000원
ISBN 978-89-509-2625-0 03320